DÉDIÉ

A

MADAME MARIE MILLOT

MON PREMIER SÉJOUR AU JAPON

(1880-82)

PREMIÈRE PARTIE

MES TROIS MOIS DE TOKYO

I

IMPRESSIONS D'UN NOUVEAU DÉBARQUÉ. — KAMAKURA

Le dernier ou l'avant-dernier juillet 1880, je débarquais à Yokohama après avoir vu pour la première fois de ma vie la mer à Marseille. La traversée durait alors six semaines au lieu des trente et un ou trente-deux jours actuels.

Dans la toute première de mes publications — et elle date d'un peu plus qu'hier (1) — qui est le premier chapitre de ces mémoires, j'ai raconté dans cette même revue mon passage à Saigon,

(1) 29 ans : *Saigon pittoresque*, Mémoires de la Société bourguignonne de géographie et d'histoire.

qu'une circonstance particulière, dont je parlerai plus loin, rendait exceptionnellement intéressant.

J'avais vingt-quatre ans, et j'étais envoyé par le ministère des Affaires Etrangères à notre légation de Tokyo, en qualité d'élève interprète.

Mon premier séjour au Japon s'étendit jusqu'en septembre 1882 où je fus expédié au consulat de Bankok assez à la façon dont une grosse maison de commerce dépêche un commis à une de ses succursales. Les deux situations ne sont pas sans analogie, et une identité d'expressions justifie mon rapprochement : jusqu'au grade ascendant de chancelier, en dehors du service spécial des drogmans et des interprètes, on dit administrativement non pas employé mais commis de consulat.

Je pourrais appeler cette période « Impressions d'un nouveau débarqué ». Ainsi que je le signalais dans la préface d'une publication antérieure (*Souvenirs de Bankok*), l'intérêt du journal que je rédigeai sur place participe plus de l'histoire que d'un récit de voyage. Non seulement la séduisante hélas! aujourd'hui déjà ancienne civilisation japonaise, était plus raffinée, plus savamment compliquée que les nôtres d'Europe, mais en se rappelant certains récents événements, cette opinion n'étonnera personne qu'en trente ans, de 1880, début de ma relation à cette année 1911, le Soleil Levant a subi une transformation plus profonde que la France de Louis XVI à Louis-Philippe.

Extrait des *Mémoires de la Société Bourguignonne de Géographie et d'Histoire*, tome XXVII.

SOCIÉTÉ BOURGUIGNONNE

DE GÉOGRAPHIE ET D'HISTOIRE

MÉMOIRES

D'UN VICE-CONSUL

MON PREMIER SÉJOUR AU JAPON

(1880-82)

PAR

LOUIS BASTIDE

DIJON

IMPRIMERIE EUGÈNE JACQUOT

12, rue Berbisey, 12

1911

Sous ce rapport ces pages sont comparables aux mémoires d'un émigré charmant ses loisirs de Coblentz en racontant la vieille France, l'ancienne cour et le « plaisir de vivre » avec la société de son jeune temps.

En les mettant au net, je conserverai leur candeur à mes notes de voyageur dont l'esprit, au début, n'est pas sans me causer parfois à moi-même une certaine surprise. Je souris en relisant ma consternation provoquée à l'arrivée par telle épreuve d'acclimatation matérielle ou morale; le pessimisme et l'inexactitude de maint jugement que l'habitude et la compréhension améliorent au cours de la narration. Pourtant c'était le Japon. Qu'aurais-je dit si mon initiation à la vie orientale avait commencé par Bankok ou par Pékin ?

Aspect du pays. — Tokyo, le 6 août 1880.

J'ai en ce moment huit jours de Japon...

Je viens de faire avec mon collègue, M. Mellottée, interprète du Consulat de Yokohama, le voyage de Kamakura. Cette classique excursion, en laissant de côté la visite à Tokyo, trajet d'une heure de chemin de fer qu'on ne peut appeler une excursion, est l'unique tournée qu'exécutera le globe-trotter dont le séjour se borne à une halte entre deux paquebots. Cette promenade nous a pris deux jours et une nuit pendant lesquels nous avons mangé, couché et vécu à la japonaise.

Le pays rentre dans la catégorie du nôtre, c'est de la zone tempérée. C'est la *terre grise*. On ne voit plus — enfin! — le terrain d'un rouge ardent, intolérable, des tranchées et des falaises coiffées de vert intense, le rouge qui fatigue les yeux à Pointe-de-Galles, Singapour, Saigon, etc. La coloration spéciale à la zone torride qui, pour moi, ferait si longtemps de cette région une terre d'exil.

Le jour où l'homme aura réussi à sortir de sa planète pour aborder celles voisines, Mars d'abord, je présume, où il rencontrera peut-être les vestiges d'un grand travail avorté, puis cet archipel d'espérance des 291 charmantes petites planètes si richement pourvues d'atmosphère, si avantageusement conditionnées pour couler une existence tranquille et d'intimité, qu'un bon marcheur fait le tour complet de certaines en vingt-quatre heures, si commodément placées qu'à la faveur des conjonctions on peut passer de Clotho à Junon en franchissant le simple espace qui sépare Dunkerque de Marseille; — ce jour-là, néanmoins, l'homme devra se plier à une dure accoutumance. A en juger par les cirques lunaires si différents d'aspect de notre campagne bourguignonne, il aura à lutter contre une écrasante nostalgie. Probablement, à cette époque, aura-t-il acquis la capacité de transformation voulue pour ce genre de colonisation.

Les sites ont donc dans leurs grandes lignes une

analogie avec ceux de la France. La ressemblance s'arrête là, et pour tout le reste on se sent bien dépaysé et dépourvu.

Le jin-riki-sya. -- D'abord, à côté des trois ou quatre petits chemins de fer construits par nos ingénieurs, il n'existe qu'une route carrossable, celle du Tokaïdo. Ainsi, au Japon, *pas de routes.*

Le touriste a seulement à sa disposition les sentiers raboteux qui sillonnent la plaine relativement reposante mais rare, et gravissent la montagne mouvementée. Pour suivre ces chemins chanceux, il a l'option entre ses jambes d'excursionniste et le léger véhicule appelé *jin-riki-sya* (1) qui, partout où il a accès, a évincé le fasdidieux, étroit, gêhennant palanquin, consistant en un siège sus-

(1) La transcription suivie dans cette relation est, à un ou deux détails près, celle de M. Léon de Rosny. On prononcera assez correctement le japonais *cité* dans ce texte, c'est-à-dire souligné, en lisant comme en français, moyennant ces quelques observations :

D'abord, pas d'accent ; ou, si l'on préfère, l'accent à la fin du mot, toujours sur la dernière syllabe C'est là un notable trait de ressemblance avec le rythme de notre langage.

Bien entendu, pas d'e muet : *e* se prononce é. Et le *g* est sans modification phonique : *ge* = gué De même, *gi* = gui.

Surtout le son u n'existe pas ; cette lettre doit toujours se lire ou.

L'*h* est aspiré, à peu p ès à la manière anglaise.

An, généralement nasalisé comme dans antan, mais souvent l'*n* est détaché comme dans canne. Même observation pour *on*. Au contraire, *en*, *in*, toujours comme dans renne et dans inné. Quant au fréquent *ai*, l'*i*, naturellement, distinct : *tai* = taille.

Depuis la révolution de 1868, l'articulation auvergnate de Tokyo ayant prévalu sur celle du sud, *s* suivi d'un *i*, deviendra ch. *Si* doit donc se prononcer chi comme dans le mot chiffre. De même, *sya*, *syo*, *syu*, se liront chia, chio, chiou ; et, par conséquent, *tsya* (thé), se prononcera tchia et *tsyo*, tchio, etc. Mais *sa*, *se*, *so*, *su*, restent sa, sé, so, sou.

pendu à une barre de bois munie d'un mercenaire à chaque bout. On s'y tient accroupi et plus secoué qu'un panier à salade.

Pareil à l'inventeur des beaux-arts et à un autre que Voltaire ne craint pas de désigner en toutes lettres dans sa nouvelle « Les Oreilles du comte de Chesterfield », l'ennemi de l'humanité qui a récemment imaginé le petit cabriolet à deux roues actionné par un coursier à l'image de Dieu, est demeuré anonyme. Mais si le métier de l'homme-cheval est humiliant, tout n'est pas délectable dans la position de son client, — ou de ses clients. Car on voit de nombreux véhicules fallacieusement dits à deux places mais à peine plus larges que les autres, où, contrairement au principe du contenu moindre que le contenant, s'emboîtent des couples indigènes singulièrement plus volumineux que le groupe de Paul et Virginie. Aux montées, qui abondent, il faut cependant mettre pied à terre car le malheureux traineur ne peut pas accomplir l'impossible. Aux descentes, par contre-partie non moins nombreuses, l'équipage dévale avec une rapidité effrayante. Il vole, bondit, retombe, rebondit et, finalement, verse ou ne verse pas, au petit bonheur.

M. Mellottée a déjà été précipité deux fois et n'a pas encore été tué puisque nous déjeunions ensemble avant-hier.

Je pardonnerais au Japon ses jinrikisya, ses

moustiques qui entraînent la gênante pratique de la moustiquaire — qui donc a pu faire de ce mot un substantif féminin ? Mais les fous font les modes et les sages les suivent — ses lits d'auberge, c'est-à-dire la couverture ou la natte inélastique sur laquelle il faut dormir habillé avec un costume de nuit. Mais je lui reproche sa nourriture.

L'alimentation. Le saké. — Dans toute l'étendue de cet empire, on ignore le *pain*, la *viande*, les *laitages*, et il y a singulière indigence à l'égard des fruits et des boissons.

Le blé et les diverses céréales sont cultivés juste pour la confection des massepains et des gâteaux indigènes. Partant pas de pain. Les gens laissent le bétail mourir de cette mort recommandée par Schopenhauer à ses lecteurs sous le nom d'euthanasie, c'est-à-dire de vieillesse. Sous l'influence aussi honorable pour eux qu'incommode pour nous des préceptes bouddhiques, ils croiraient faire acte d'anthropophagie en dévorant même un poulet, une perdrix. Partant pas de viande. Les vaches, ici, n'ont de lait que ce qu'il faut pour alimenter leur nourrisson. Partant pas de beurre, pas de fromage, etc.

Attendu qu'on pratique dans ce pays une cuisine particulière sur le globe, l'aliment vraiment commun à cette race, à la nôtre et aux autres, c'est les œufs. Encore l'omelette est-elle à inventer, à moins qu'on ne veuille baptiser de ce nom certaine pâte suspecte, d'ordre composite, assaisonnée à l'huile de poisson... mais jusqu'à présent, elle m'est imparfaitement connue.

Les quelques fruits et légumes, généralement les mêmes qu'en France, poires, pêches, melons, etc., sont peu succulents, étant toujours verts, et quand on veut leur faire franchir cette étape, ils pourrissent sans transition de maturité. Les essais tentés pour leur bonification par les Occidentaux sont restés, c'est le cas de le dire, « infructueux ». Les cerisiers, une des charmantes parures de la contrée, se seraient attiré le mécontentement de Calchas quand il s'écriait par l'organe du maestro Offenbach : « Trop de fleurs, trop de fleurs ! » En effet, les fleurs sont l'exclusive production de cet arbre ; le fruit, microscopique, n'existe que botaniquement parlant. Les plants amenés de l'étranger ont vite éprouvé l'action du climat et du terrain. La première année on eut bien des cerises, mais, dès la seconde, rien que des fleurs.

Les boissons s'absorbent chaudes, et cette simple condition laisse entrevoir la dimension restreinte du plateau sur lequel on servirait au dégustateur la collection complète des breuvages nationaux. Si le thé, leur maussade thé vert, vient à manquer par accident ou par « impécuniosité », ils se contenteront d'une tasse d'eau tiède. Leur soi-disant vin, le saké, se prend également chaud.

et, de fait, ingurgité de la sorte, il m'a paru un peu moins désagréable...

(Dans la suite de mon séjour, de neuf heures à minuit, je lisais ou écrivais après avoir placé à portée de ma main la petite bouteille de porcelaine pleine de saké, plongée dans la bouilloire qui repose sur le brasero. Tellement j'avais pris goût — *quantum mutatus ab illo!* — à cette saine et délectable boisson, de préférence à celles dont j'avais ma française habitude.)

Ce qui précède expliquera comment, au cours de mon voyage à Kamakura, je suis resté à peu près sans manger. Dans mon appétit de couleur locale et zèle d'apprentissage, je n'avais pas emporté de provisions. Mon compagnon, plus familier avec la cuisine japonaise, peut s'en accommoder quelque temps (1).

Les abords de Kamakura ; les crabes désespérés de l'empereur An-toku. — En revanche, il y a de bien jolis paysages :

(1) Sur ce chapitre, mon sentiment, qui est celui de tous les étrangers sans exception, ne s'est guère modifié Avec les bouillons, qui sont assez fins, l'unique mets auquel je m'accoutumai fut le *sasimi*, tres propres rondelles de poisson *cru*, relevées par une sauce extrêmement piquante.

Pour le reste, je me serais comporté devant un déjeuner japonais, au surplus confectionné avec art, coûteux et élégamment servi, comme un lion en face d'une tranche de pain. Au contraire, dans la cuisine chinoise, totalement différente d'ailleurs, j'ai trouvé des plats excellents.

Quelques étrangers, par économie, se sont mis résolument à la nourriture japonaise. Aucun n'a pu persister.

Devant l'auberge où nous venions de passer la nuit, la petite mare circulairement encadrée par de hautes herbes touffues, si vertes, si vertes, mais dont les pointes, filtrant la lumière, semblaient transparentes à la façon des émeraudes, était d'un effet charmant sous l'éclatant et déjà torride soleil du matin. A droite, à deux pas, la mer bleue et tranquille. La maison était aussi luisante de propreté qu'une boite à musique de Nuremberg frottée avec le torchon de la ménagère. Et dans le décor auquel elle s'adaptait si bien avec son costume aux vives couleurs, la jeune servante qui infléchissait les planches élastiques de la véranda aussi légèrement qu'un oiseau-mouche un roseau, au milieu de ce tableau d'une originalité absolument particulière au Japon, avait l'air d'une poupée gentiment sculptée et enluminée, sortant pour le plaisir des yeux de son coucou de la Forêt-Noire.

Sur l'humide terrain zigzaguaient les crabes à la démarche oblique, si bizarre.

Le fameux syogoun Yoritomo est enterré à Kamakura, et cette circonstance me revenant à la mémoire, je regarde si les petits crustacés que j'ai sous les yeux ne présenteraient pas une curieuse particularité que l'histoire, la légende a enregistrée :

A la fin d'une effroyable lutte qui mit d'un bout à l'autre le Japon à feu et à sang, lors de l'extermination par Yoritomo de la puissante famille des

Taïra, les chefs de cette maison entraînèrent dans leur fuite l'empereur An-toku, âgé de huit ans seulement. La nourrice du jeune mikado monta avec lui dans une barque et, sur le point d'être atteinte par l'ennemi, se jeta dans la mer avec l'enfant royal ; tous deux furent noyés. On raconte que, depuis cette époque, les crabes du rivage portent sur le dos un visage humain aux traits convulsés par la rage et le désespoir. Mais c'est sur le théâtre de cette vieille tragédie, à Nagato et à Kiu-siu, et non sur le littoral de Kamakura, qu'on pourrait observer ce phénomène.

Le Japon, par excellence, terre de traditions. — A Kamakura, métropole religieuse, mais dépourvue de l'ambiance de recueillement et de solennité qui, ailleurs, impressionne le visiteur, surégayée au contraire par le mouvement des jinrikisya, les claires toilettes des jeunes dévotes, les bruyants appels des bonnes de restaurant conviant la clientèle, à Kamakura les temples pullulent et se ressemblent tous. Il faut un certain temps pour arriver à saisir, en Extrême-Orient, des différences en réalité aussi tranchées que celles qui existent entre un temple grec et une église gothique. Ainsi, les Japonais discerneront mal, à première vue, une Moscovite d'une Andalouse, habillées chacune suivant la mode de sa province natale.

M. Mellottée m'apprend le signe qui permet de distinguer le Sintoïsme du Bouddhisme : Le sanctuaire du premier culte, qui est la religion *autochtone*, l'antique, assez majestueuse et intéressante *mythologie* du Soleil Levant (fait notable, la Chine n'en a pas du moins ce qu'on pourrait appeler de ce nom se réduit à rien) est immanquablement précédé à quelque distance par un, souvent plusieurs portiques de gymnase formant allée, en bois ordinairement peint en rouge, qui figurent le π de l'alphabet grec, additionné, sous le trait horizontal, d'une barre parallèle.

L'asile des croyants bouddhiques, le monument appelé en japonais *tera*, terme dont la traduction la plus exacte est « pagode », se reconnaît, lui, à la façon du quatrième officier de Malbrough qui ne portait rien du tout. C'est très simple, il suffit de le savoir.

Toutefois, il convient de s'accorder sur le sens précis du mot pagode qu'on était loin d'interpréter uniformément au siècle de Louis XIV. Témoin ce passage de *Serpentin-vert*, un des contes classiques du volume connu de tous les enfants, qui contient les aimables fictions de Perrault, de Mme d'Aulnoy et de Mme Leprince de Beaumont :

« Elle vit venir à elle cent *pagodes* vêtus et faits de cent manières différentes; les plus grands avaient une coudée de haut et les plus petits n'avaient pas plus de quatre doigts; les uns beaux, gracieux, agréables, les autres hideux et d'une laideur effrayante. »

Qui sait si cette équivoque n'a pas donné au contemporain de cette fantaisie, La Fontaine, l'idée de sa fable du Pirée pris pour un nom d'homme. Mais le « bonhomme » lui-même ne devait pas être bien ferré sur les questions de géographie économique orientale.

Les temples qui se groupent à Kamakura ne sont qu'un fond ornemental pour mieux mettre en relief le colosse de bronze fameux sous le nom de *Dai-Butsu* « Grand Bouddha ». Cette qualification désigne une idole de taille extraordinaire, exceptionnelle, point unique pourtant puisqu'il y a celle de Nara. Néanmoins, dans toute la région et bien au delà, quand il est question de Daï-Boutsou, il ne peut s'agir que de la statue de Kamakura.

Les Japonais emploient la préfixe *dai* « grand », expressive, brève et d'incorporation commode, pour rehausser considérablement l'importance d'un nom. Par exemple, ils diront patriotiquement *Dai-Nippon* « Le *grand* Japon ».

Grammaticalement, « daï-boutsou » rentre dans ce genre de composés. En outre, il est constamment usité dans la langue familière pour signifier une personne corpulente, homme ou femme. C'est ainsi que nous disons : un Gargantua, une Messaline, un Harpagon, une pauvre petite Cendrillon… Ces locutions, qui sont l'image même, fourmillent en japonais et ont l'intérêt de rattacher perpétuellement la causerie aux traditions. Nulle part la connaissance de l'idiome n'est plus intimement liée à celle de l'histoire, des mœurs, de la littérature, etc., et aucune ne rétribue mieux de la peine qu'on a prise à l'acquérir.

On ne peut découvrir un coin de mer, une montagne, un champ, un site quelconque, sans être assailli par le souvenir d'une ou de beaucoup de légendes. Car nul sol, la Grèce peut-être exceptée, mais la Grèce privée de vie, n'est aussi abondant en richesses de cette sorte. Je ne saurais mieux les comparer qu'aux monuments du Moyen Age et de la Renaissance dont nos cités sont légitimement fières quand elles étalent cette parure en présence de leurs rivales américaines, aussi ou plus peuplées, animées, opulentes, mais sans passé. Ces conditions, au Japon, entraînent un état d'âme particulier chez le rêveur érudit, une jouissance charmante qu'il n'éprouve pas ailleurs à ce degré. Et elle est plus accessible qu'ailleurs à chacun, faisant partie de l'air qu'on respire, étant perpétuellement alimentée par les éléments remémoratifs de la conversation, des livres, des peintures, des statuettes en bois, en bronze ou en ivoire...

Le Japon est le berceau de la liberté; non pas la Liberté tout court, mais la liberté, pour ne pas dire la licence, des mœurs. Elle chemine le plus communément en compagnie d'une amusante commère qui est la grivoiserie, une grivoiserie plus joviale que perverse et qui réussit généralement à se concilier la sympathie par son caractère folâtre mais exempt de grossièreté. Justice rendue moyennant la concession de cette qualité, il faut bien avouer qu'elle s'affiche toutes les fois que l'occasion s'en présente, dans les propos, la littérature, l'image peinte ou sculptée et les diverses occurrences artistiques ou autres.

Ikina, le Cambronne japonais. — La première conséquence de cet état d'esprit est qu'en japonais on appelle les choses par leur nom. Un Français prend bien difficilement l'habitude de s'exprimer en présence des dames japonaises de la meilleure société, avec la liberté de leurs compatriotes traitant en leur compagnie n'importe quel détail scabrissime, sans les choquer le moindrement (1). En écrivant ceci, que de choses curieuses me reviennent à la mémoire, qu'il m'est impossible de raconter. En japonais, on peut *tout dire,* à condition de faire précéder sa phrase de la formule

(1) En diverses circonstances, j'ai entendu réciter l'alerte poésie-chansonnette suivante, enchâssant un fort joli calembour que je ne me charge pas de traduire, par exemple ! A l'intention des japonologues qui lui pardonneront après l'avoir appréciée, je reproduis cette pièce :

Seki no djizô sama
Sinsetsu no mono yo !
Ame no furanu ni,
Kasa *wo Kureta.*

sitsu-rei nagara : « bien qu'impoli... », mentionne Satow dans ses exercices.

Notre « chaste muse de l'histoire », comme dit Macaulay, s'effaroucherait certainement du style cru dans lequel la Clio de l'Extrême-Orient rapporte l'exploit d'Ikina, le glorieux Cambronne du Soleil Levant. Je traduis littéralement cet épisode militaire du *Nippon wò-dai iti ran*, traité historique classique, scolaire, le livre d'étude que j'ai eu dans les mains à l'Ecole des Langues orientales.

(L'acte héroïque d'Ikina prit place sous l'empereur Kimmei — 540 à 571 de notre ère — au cours d'une guerre avec la Corée, divisée alors en trois royaumes. Celui de Sin-Ra fut le théâtre du drame.)

« Les deux royaumes de Kò-Rai et de Sin-Ra manifestant des velléités de révolte, O tomo no Sate-hiko fut envoyé dans le pays de Kò-Rai qu'il attaqua. Il s'avança jusqu'au palais qu'il enleva et dont le roi réussit à grand'peine à s'échapper pour prendre la fuite. O tomo no Sate-hiko s'étant emparé des richesses du palais, les transmit à l'empereur ainsi qu'au ministre Iname.

« Parmi l'armée impériale expédiée au royaume de Sin-Ra, se trouvait un personnage nommé Ikina, qui fut cerné par ses adversaires. Comme il n'obéissait pas à l'ordre de « rends-toi ! » qu'on lui intimait, les gens de Sin-Ra tirant leurs sabres, les tinrent levés sur lui. Alors, lui faisant tourner le derrière du côté du Japon, ils le sommèrent de crier : « Que l'empereur du Japon mange (dévore, *kurau*) mon derrière ! » Mais Ikina, renforçant sa voix, s'écria : « Que le roi de Sin-Ra mange mon derrière ! » L'ennemi furieux le mit à mort. A la suite de ces événements, le pays de Sin-Ra, aussi bien que celui de Kô-Rai, se soumit à nouveau au Japon. »

La « Musume ». Toujours dans le même ordre d'idées, mais en rentrant dans mon sujet, à l'entrée de l'allée qui conduit à la monumentale statue, on fait remarquer au visiteur une large pierre plate, polie, usée, appelée la *Musume* (jeune fille), sur laquelle le Temps, de la pointe de sa faux, s'est amusé à creuser un sillon. Le hasard du tracé a voulu que ces lignes reproduisissent un détail féminin intime. Avec un peu de bonne volonté, c'est assez frappant; aussi est-ce la première et la dernière curiosité que les cicerones vous signalent. Et plus d'un, très innocemment, puisque ce sont les mœurs japonaises, a dû s'attirer une mauvaise histoire avec le cavalier de telle dame anglaise choquée par la symbolique image.

Car les gens sont traités en peuple conquis par les Européens et les Américains...

Nous manquons d'un terme précis pour désigner, par opposition aux Japonais, les individus appartenant au groupe de notre civilisation blanche. En effet :

Européen est incomplet;

Etranger indique aussi bien un Chinois qu'un Français;

Occidental est géographiquement défectueux. Par exemple, appliqué à un Australien ou à un citoyen de la République uruguéenne, de la *Bande Orientale*, comme on dit en Amérique;

Aryen irait presque, mais a un sens ethnographique et politique trop étendu.

..... sont traités en peuple conquis par les Occidentaux devenus maîtres de la place grâce à l'incessante menace de leurs navires de guerre toujours visibles à l'horizon maritime. La population a lieu de méditer cette pensée du poète grec : « Le jour où un homme devient esclave, les dieux lui enlèvent la moitié de son âme. »

Le Dai-Butsu. — Le personnage dont la prodigieuse fortune religieuse devait inciter ses deux successeurs à la conquête du monde, est accroupi non à la japonaise mais à la turque, c'est-à-dire à la manière d'un tailleur, posture qui affirme bien son origine étrangère. Il repose sur un socle circulaire en pierre, d'une faible élévation. Coulé en bronze, il est, sous le soleil, tout nuit ou tout lumière.

Son crâne est recouvert de protubérances qu'on

pourrait prendre pour des coquilles de noix et qui sont des escargots : Quand Bouddha se retira dans la solitude — exemple mémorable que Jésus devait suivre cinq siècles plus tard pour lutter, comme lui, contre « l'esprit du mal » (1) un soleil ardent dardait douloureusement ses rayons sur la tête rase du saint. Alors, les escargots secourables grimpèrent si haut qu'ils purent monter, pour constituer par leur agglomération le singulier casque protecteur figuré à Kamakura.

Le visage est un cliché. Ici comme ailleurs, son expresssion est.... l'inexpression en quelque sorte, l'impassibilité. C'est le même cas pour les sphinx égyptiens ; toutefois la physionomie du Bouddha respire certaine mansuétude bien éloignée de l'énigmatique, un peu inquiétante insensibilité des hôtes de la vallée du Nil.

C'est gigantesque et nul en tant que statuaire esthétique. Voilà tout ce que mes connaissances

(1) Sans compter d'autres relations; pour en citer une seule, la parabole de l'Enfant prodigue. Je ne m'explique pas bien que Renan, dans sa *Vie de Jésus*, écrive : « Il est vrai qu'on trouve dans les livres bouddhiques des paraboles exactement du même ton et de la même facture que les paraboles évangéliques. Mais il est difficile d'admettre qu'une influence bouddhique se soit exercée en ceci. L'esprit de mansuétude et la profondeur du sentiment qui animèrent également le christianisme naissant et le bouddhisme, suffisent peut-être pour expliquer les analogies. »

Mais dans le cas dont je parle, il s'agit de mieux que d'analogies, il s'agit de mêmes, précises circonstances.

D'autant plus que Renan dit dans son livre : « Babylone était devenue depuis quelque temps (à la naissance de Jésus-Christ), un vrai foyer de bouddhisme; Boudasp (Bodhisatwa) était réputé un sage Chaldéen et le fondateur du sabisme. »

ou plutôt mon goût artistique me permet de formuler.

Je sais bien que j'ai déjà entendu dire, que j'ai lu avant de prendre pied sur le sol de Kamakura, que les impressions de nouveau débarqué se modifient dans la suite, qu'il faut une initiation. Peut-être! Mais alors ne serait-ce pas l'histoire de ces voyageurs au pôle Nord qui, pour avoir vécu longuement au milieu des Esquimaux, finissent par acquérir le sens indigène qui leur manquait, et trouvent jolies telles dames de ces tribus. Pourtant les femmes des Esquimaux sont laides d'une façon absolue, certaine.

La notice que débitent les bonzes du sanctuaire renseigne l'acheteur sur l'historique et les dimensions du monument :

« Le monastère remonte à l'an 737 de l'ère chrétienne.... La statue fut fondue en 1250 par le célèbre Ono goroyemon, sur l'ordre du syogoun Minamoto-no Yoritomo. En 1495, elle fut considérablement endommagée par une formidable tempête, mais elle se trouve actuellement en parfait état. Elle a 15^{m} 25 de hauteur, et le tour de la taille est légèrement au-dessous de 30 mètres... L'oreille mesure tout près de 2 mètres de hauteur ; le nez, 1^{m} 11.... Le pouce a 0^{m} 92 de tour. »

Nous pénétrons dans le corps de l'idole où des espèces de chapelles sont installées dans l'oreille et les autres cavités. On y jouit à peu près de la température d'Aden dont je garde si torride souvenir.

Rôle économique de la statue. — La notice ne mentionne pas, s'accorderait même assez mal avec un intéressant détail numismatique :

Le Dai-Butsu joua économiquement un rôle tout à fait analogue à celui du lac Mœris qui, dans l'antiquité, recevait le trop-plein des eaux du Nil en cas d'inondation, et, en cas d'insuffisance fluviale occasionnée par la sécheresse, restituait sa réserve. Lorsque le numéraire manquait, on lançait le bouddha dans la circulation sous forme de sapèques, et, inversement, on profitait pour le refondre de la surabondance des espèces monnayées. Il représentait donc l'épargne nationale.

Beaucoup de pièces de cuivre portant l'ère *kwan-yei*, et actuellement encore en circulation, ont cette provenance reconnaissable au caractère *bun* inscrit sur le revers de la sapèque. J'en ai déjà mis quelques-unes de côté pour la collection que je me propose de former.

Kamakura est aussi un Saint-Denis et un musée. On y voit notamment le tombeau de Yoritomo, puis des armes et des ustensiles qui ont servi à l'illustre personnage : casques, sabres, selles, coupes à boire le saké gargantuesques et capables de faire croire que la génération actuelle, mesurée d'après les vases minuscules que tout le monde connaît, est en complète décadence physique. Ce sont des trésors archéologiques de la plus haute valeur, par exemple pour l'histoire industrielle du pays, laquelle, jusqu'à maintenant, a été à peine effleurée.

De retour de Kamakura, je me rends immédiatement à Tokyo afin de procéder à mon installation, et tout d'abord je me mets à la recherche d'un logement.

II

INSTALLATION DANS UNE PAGODE. — MON PREMIER TYPHON

Un faubourg de la capitale. — Le déjeuner d'une couleuvre. — En effet, le chargé d'affaires, M. de Balloy, vient de me signifier que n'ayant pas de place pour moi à la légation, je m'arrange pour en découvrir ailleurs... Ce que je fais.

La ressource ordinaire en pareille occurrence est la location totale ou partielle d'un temple bouddhique, d'une pagode.

L'assez important édifice sur lequel j'ai jeté mon dévolu est situé en face même de la légation. Une allée dallée, longue d'une soixantaine de mètres, très en pente, bordée de haies et de hautes herbes, aboutit à un grand portail qui a son cerbère comme à Paris. Le portail et le portier franchis, une petite cour ; au fond, le temple.

Les alentours sont moitié ville, moitié campagne, ainsi que dans tout ce quartier qui est le premier faubourg de la capitale en venant de Yokohama. Ce matin, au moment où j'atteignais l'extrémité de l'allée, une jeune, mince grenouille verte, passant entre mes jambes, s'engloutit d'un saut dans la gueule d'une couleuvre que mon arrivée n'avait pas dérangée de son œuvre de fascination. Ce fut comme une lettre avalée par la boîte postale. La gueule se referma et le reptile s'enfonça dans la verdure. Ce petit drame avait duré le temps d'un regard. En haut, le long de la route, allaient et venaient les traîneurs de jinrikisya en quête d'un client, cherchant, comme la couleuvre, le moyen de déjeuner.

Un médecin de la vieille école. — Moyennant la somme mensuelle de 7 *yen* papier (au change du jour, environ 25 francs, mais, il y a quelques mois, 35 francs, et c'est la véritable évaluation), le bonze, mon propriétaire, m'accorde la jouissance de trois des spacieuses pièces qui font le tour de la pagode. Elles brillent de cette propreté dont les Japonais savent faire mieux qu'une vertu, une séduction.

Dans quelque temps, j'aurai un voisin, mais je ne pourrai que l'entrevoir parce que ce sera le moment de mon départ. Pour un yen mensuel (3 fr. 50), un médecin japonais, sans famille ni serviteur, s'installera à côté de moi dans une chambre étroite et mal éclairée.

Les institutions actuelles s'effondrent en jonchant le sol autant de victimes que de ruines. Ailleurs ce serait la fin d'un monde, ici il ne s'agit que d'une évolution précipitée, fiévreuse. Si la Chine est la citadelle de l'immuable — citadelle ébranlée, quoi qu'on prétende — l'aptitude à se transformer, partant à s'améliorer, et qui est une simple expression du progrès, est le caractéristique défaut ou qualité (l'avenir tranchera), des Japonais. Ils vont vite, souhaiteraient aller plus vite encore, sachant qu'en ce moment critique ils suivront bien juste, malgré leur hâte, la course au but de laquelle resplendit le grand prix du gagnant.

Il ne manque pas d'ailleurs de prophètes pour leur prédire une catastrophe finale à brève échéance, suivie du retour aux institutions féodales. Aux yeux de ces censeurs, les réformes en train ne seraient qu'une velléité d'imitation, l'amusement d'un peuple d'enfants : « Des singes ! des singes ! » Que de fois déjà j'ai entendu ce jugement proféré par une bouche grande ouverte dans la face congestionnée d'un de mes compatriotes, un mécontent — ils sont nombreux depuis quelques années — qui appuyait son exclamation d'un violent coup de poing déchargé sur la table dans le feu de la discussion. C'est l'opinion, à peu de chose près unanime, des étrangers de toutes les nationalités. L'auteur du meilleur livre français qui ait encore été écrit sur le Japon, M. Bousquet, conclut comme eux : « Tout présage que le réveil dont l'empire des mikados a été le théâtre sera aussi éphémère qu'il a été brusque. »

Le temple et ce médecin, deux décadences ! Les dieux s'en vont, leurs prêtres font un *bar* de l'autel qui ne rapporte plus. Et cette pagode où on loge au mois, vit d'abriter un client poursuivi par les mêmes vicissitudes sociales. Ces vieux débris se consolent entre eux.

Ce praticien appartient à l'ancienne école, celle de la médecine chinoise, la seule connue à l'arrivée du commodore Perry en 1853, qui fut le capital événement de l'histoire japonaise après ou même avant l'échec de l'expédition envoyée par l'empereur Koubilaï-Khan en 1281, la formidable Armada de 180.000 Mongols. La foule n'a pas encore renoncé aux docteurs qui la traitent suivant la méthode, les formules et les prix doux auxquels elle est habituée, mais même aux yeux de ce public, ils vont se discréditant, voient leurs médicaments de plus en plus délaissés pour ceux des pharmacies que les indigènes commencent à monter à l'occidentale avec bocaux de porcelaine et les monstrueux rubis, saphirs, émeraudes et topazes en boule de la devanture.

Une messe bouddhique. — Les cloches. Depuis hier j'ai dit adieu de bon cœur au lit japonais que j'avais loué. Son transport, au départ, a été aussi aisé qu'à l'arrivée, car le lit de ce pays est bien plus *meuble* que le nôtre : il disparaît dans un placard la journée, et le soir on le dresse en étendant sur le plancher le matelas et les couvertures qui le composent. En revanche, dans la Chine du nord, c'est un *immeuble*, une maçonnerie de briques adossée contre le mur, dans l'encognure de la pièce.

J'ai profité d'une *auction*. Auction en anglais signifie vente aux enchères. C'est le moyen très pratique pour l'Européen qui s'en va de se défaire de son mobilier, et pour l'Européen qui débarque de s'installer en esquivant le prélèvement de l'intermédiaire, du marchand.

Habitués que nous sommes à certain décor, le mot temple nous transporte en imagination dans de vastes salles sonores aux voûtes élevées soutenues par de puissants piliers, dans un milieu où règne le contraste d'ombres épaisses et d'espaces lumineux. Rien de semblable en mon édifice. D'abord, tout en rentrant avec un rang honorable dans la moyenne des églises japonaises, il a les dimensions d'une maison de village en France; mais ici le total des temples des deux religions dépassant quatre cent mille, tous ne peuvent être des palais. Puis, bien entendu, sauf la toiture de tuiles, tout est en bois.

Au centre, une salle assez étendue où se passe tout ce qui concerne la liturgie, et dans le fond de laquelle brille une statue de Bouddha en cuivre, entourée d'ornementations coloriées, bariolées, dorées et dédorées, d'ex-voto couverts d'inscriptions en caractères chinois. A l'entrée, un grand vase de bronze, très vibrant.

C'est une cloche renversée, la cloche n'étant qu'un vase suspendu. Car il existe une différence essentielle entre la cloche japonaise et la nôtre. Cet instrument agit chez nous par battement intérieur; ici il résonne moyennant choc extérieur, à la façon d'un gong cylindrique. Je serais embarrassé de décider lequel des deux systèmes vaut le mieux.

Donc, pendant l'office, on frappe le vase avec un bâton emmitouflé, ce qui produit un son doux et lugubre. Cette musique est accompagnée du claquement de deux planchettes, les castagnettes du pays.

Faire retentir la cloche, c'est *pon-pon wo suru* « faire pon-pon ». Le nombre des onomatopées est considérable dans la langue. Si on y joint le primitif procédé de réduplication (*nitinili*, tous les jours, chaque jour, -*niti*, jour; *tabitabi*, souvent; *dandan*, graduellement, etc.) on aura un artifice grammatical enfantin commun au japonais et, par exemple, aux langues océaniennes.

Les bonzes. — Dernièrement on a célébré le saint sacrifice. C'était mon propriétaire qui officiait. Les fidèles, au nombre d'une douzaine, chantaient les louanges de Bouddha sur un ton trainant, monotone, caractéristique, ce que nous appelons *psalmodier* : « C'est un usage que les bouddhistes ont emprunté à nos missionnaires », m'a expliqué quelqu'un. Car il y a toujours des gens pour comprendre dans une chose juste le contraire de ce qu'elle signifie. Notre proverbe « mettre la charrue avant les bœufs » exprimerait assez bien une inconséquence consistant à ne pas tenir compte du fait que le bouddhisme est antérieur de cinq cents ans au christianisme.

Mon propriétaire est un homme entre deux âges, à tête entièrement rase et à toge blanche, selon le rite bouddhique, causeur, sociable, assez souvent un peu entre deux saké, et qui croit à Bouddha à la façon dont j'y crois moi-même. Il est marié, le gouvernement, il y a une dizaine d'années, ayant décrété la liberté du mariage pour les prêtres de toutes les sectes. Je n'ai qu'à me louer de mes rapports quotidiens avec lui ; nous nous intéressons réciproquement.

Chaque soir, je cause avec lui, sa femme et Mlle Fumi, une jeune voisine aux traits pleins d'agrément. J'essaie de goûter dans la pipe indigène le blond, fin, attrayant tabac du pays, malheureusement infumable et auquel je pressens que je ne me ferai jamais (1). *Tabako wo nomu*, « boire le tabac », est la curieuse locution (2) employée pour dire fumer. Nous prenons force saké. Cette boisson n'est pas aussi mauvaise qu'on pourrait le croire la première fois, elle se laisse boire assez facilement. Il y a aussi une liqueur appelée *mikansyu*, provenant de l'orange, qui est exquise, comparable à ce que nous avons de meilleur en ce genre.

L'autre jour j'ai été convié à dîner par mon propriétaire qui traitait au restaurant un de ses collègues arrivé directement de Kyoto, l'ancienne capitale. Par un jeu de fortune que les gens de Kyoto ne peuvent pardonner à ceux de Tokyo, c'était donc

(1) En effet, même privé de la satisfaction de sa tyrannique passion, l'Européen ne se décidera pas à recourir à cette herbe insipide.

(2) Je suggérerai à ce propos l'explication suivante que je me borne à indiquer sans entrer dans la discussion ni même l'exposé de ses preliminaires tels que l'introduction du tabac au Japon, d'origine chinoise ou non chinoise...

Les tabacs japonais et chinois sont les mêmes, mais la pipe chinoise n'a aucun rapport de forme ni d'emploi avec la pipette japonaise. Elle est tout à fait semblable à la pipe en porcelaine de poche allemande, avec la courbe serpentine de son tuyau, sa dimension et son fourneau tombant posément dans le creux de la main qui l'enserre.

Seulement, ce fourneau est un parallélipipède droit, en peau de requin, un récipient pour deux substances, liquide et tabac. Un petit, ingénieux, pratique *narguilé* qu'on commence par emplir d'eau avant de l'allumer. Evidemment, en voyant fumer de la sorte, on se rend tout de suite compte de l'expression : *Tabako wo nomu*...

le rat de ville qui, d'une façon fort civile, invitait le rat des champs. Au cours du festin, j'ai choisi mon moment pour frapper d'étonnement le bonze de Kyoto en écrivant des passages de Confucius et de Mencius que j'avais soigneusement repassés avant la séance. L'impression a été d'autant plus forte qu'on ne soupçonnait pas la ficelle.

De leur côté, mes deux compagnons de table me parurent posséder les éléments des sciences dont l'Europe est le berceau. Ainsi étant venu à dire qu'à cette heure le soleil allait se lever dans mon pays, je m'aperçus que ce fait leur était aussi bien connu qu'à moi.

Conformément aux us, nous avons, en quittant l'établissement, emporté les plats que nous n'avions pas consommés.

L'addition revenait à deux yen papier par convive : nominalement et suivant réelle estimation monétaire française, dix francs, les prix n'ayant pas varié depuis la baisse des billets. D'une manière générale, la note d'un repas japonais est plus élevée que l'étranger ne s'y attendait.

Sans entrer dans une énumération qui comporterait de longues explications, je me contenterai de dire qu'il y a, comme chez nous, des primeurs pour les gourmets, mais qu'elles consistent en *poissons* et non point en fruits ou en légumes. Certains poissons, en effet, sont beaucoup plus coûteux d'une saison à une autre.

De sorte que dans un restaurant de Tokyo à la mode, un régal à trois tel que le nôtre, peut fort bien, en circonstances « favorables », atteindre le prix de cent yen, c'est-à-dire cinq cents francs au cours d'hier — et de demain (1), car, dans un an ou deux, les billets auront repris, et définitivement, leur valeur d'émission.

Le bouddhisme conserve encore quelque vitalité à Kyoto, centre religieux soustrait au contact des étrangers, et le prêtre qui débarquait de cette cité m'a semblé disposer de ressources pécuniaires supérieures à celles de son confrère de Tokyo.

Néanmoins, pour lui aussi, pour tous, le temps est loin où la doctrine comptait d'innombrables zélés adhérents, où la foi enfantait des miracles, où Niti-Ren, le célèbre fondateur de la secte *Hò-ke*, plus heureux que saint Denis, terrifia par un éclatant prodige, en 1271, le régent Toki-Mune :

Niti-Ren avait été condamné à la décapitation, et le théâtre de son supplice fut choisi dans le voisinage même de Kamakura. Mais au moment de l'exécution, un éclair brilla dans le ciel, et le sabre du bourreau se brisa comme verre en touchant la nuque du prêtre qui fut mis en liberté à la minute par Toki-Mune, peu soucieux de se créer une mauvaise affaire avec la Divinité.

La foi s'en va, la foi est morte. L'autre jour, ren-

(1) Mais non d'après-demain, à cause de la baisse de l'argent qui commençait au moment de mon départ définitif (troisième).

trant chez moi, j'aperçus une troupe d'enfants, les uns à une, les autres à deux têtes, l'habitude étant de greffer le plus petit des deux rejetons dans le dos du plus grand où on l'installe comme dans une hotte, si faible soit la différence de taille. C'est d'ailleurs de la sorte que la mère porte son bambin.

Ils marchaient à la remorque d'une voiturette à bras. Celle-ci n'était pas autre chose qu'une pâtisserie ambulante, un carré long à compartiments pleins de ces atroces friandises que le palais d'un gamin japonais seul est susceptible de déguster. Le véhicule avançait lentement, poussé à la manière d'une brouette par un bonze encore reconnaissable à sa tête qui avait été rase une dizaine de jours auparavant, porteur d'un méchant kimono civil, le dernier uniforme ecclésiastique n'ayant pas été remplacé et n'ayant pas de raison de l'être, parce que le métier ne payait plus l'ouvrier. Bientôt l'équipage stoppa, et les galopins hautement intéressés firent cercle autour de la délicieuse boutique. Au milieu d'une ficelle horizontalement tendue entre deux bâtons, se balançait un gong. Le clerc déclassé saisit une baguette et fit résonner l'instrument en entonnant d'une voix rauque la chansonnette à la mode du jour :

Megai no tsyôdzu-bati
Tataite.....

Cependant que son jeune compagnon, un

apprenti bonze et lui aussi un chercheur de position sociale, claquait des mains en battant des entrechats pour attirer la clientèle. Et c'était le struggle for life dans toute son implacabilité...

De la traduction du japonais en nos langues.

Megai no tsyòdzu-bati.....

me suggère d'écrire ce que je pense par *traduction intégrale*, à propos de deux langues aussi éloignées l'une de l'autre que peuvent l'être deux idiomes terrestres, le japonais et le français.

D'abord, par traduction intégrale, j'entends celle qui a pour but la compréhension par le lecteur de *tout* ce qui est renfermé dans la phrase à rendre, je veux dire de toutes les intentions de l'auteur, de sorte qu'il n'y ait rien de perdu du texte étranger, ni dans l'idée, ni dans la forme, ni dans aucune des impressions qu'il engendre chez un indigène.

Ce résultat qui entraînera l'explication d'une allusion historique, l'analyse d'un calembour, la description totale ou partielle d'un instrument inconnu au lecteur, par exemple du genre de ceux qui rentreraient dans la petite encyclopédie japonaise dont je parle plus loin, est toujours et parfaitement possible. Seulement, dès qu'il s'agira d'un document un peu étendu, on conçoit bien qu'il exigera une place incompatible avec les dimensions d'un volume de format courant.

Pour ma démonstration, je choisirai non pas « *Megai no...* », mais la plus courte et la plus simple des chansonnettes que j'entends fredonner autour de moi. Il sera instructif d'en vérifier la traduction effectuée dans le sens que je viens de dire :

> *Nankin-san no atama wo usiro kara mireba,*
> *Otamazyakusi no taki nobori ?*

En bon français :

> La tête d'un Chinois vue par derrière,
> (Ne dirait-on pas) Un têtard remontant une cascade ?

La *translation* (le mot anglais est commode ici), se réduit à celle d'une image. En effet, le premier vers a été exactement rendu, ainsi que le met en évidence la traduction interlinéaire :

Nankin-san	*no*	*atama*	*wo*	*usiro*	*kara*	*mireba,*
Chinois-monsieur	d'un	tête	la	derrière	par	(on) regarde si,

En notant toutefois que *Nankin-san* (homme de Nankin, littéralement monsieur de Nankin), est une appellation populaire. Sans être injurieuse ni même ironique, elle est familière. Dans une convention diplomatique, on dira *Sinajin.*

Otamazyakusi	*no*	*taki*	*nobori ?*	(pas ?)
Têtard	d'un	cascade (d'une)	remonte	(c'est ou n'est-ce

Les Célestes se tonsurent à l'inverse de nos

capucins. Leur natte a pour attache, au milieu du crâne, une masse de cheveux touffus dont le domaine, régulièrement circulaire, est nettement limité par le rasoir. — Alors : *Usiro kara mireba*, si on regarde par derrière, avec sa base large et renflée, la queue ondulante et frétillante, la comparaison avec l'embryon renonculaire vient aisément à l'esprit.

D'autre part, dans le pays de montagnes et de torrents qu'est le Japon, les cascades abondent autant et plus qu'en Suisse. Elles sont conventionnellement figurées dans les images, d'un large coup de pinceau, par une bande bleue, d'une teinte égale, où les Japonais reconnaissent immédiatement le sujet indiqué par l'artiste.

Or, les Chinois qu'on voit en été dans les rues de Yokohama portent tous une robe bleu de ciel, de sorte que la vue de leur dos plat évoque aux yeux d'un Japonais la nappe d'eau verticale de la cascade...

L'explication claire du plus simple calembour exigera une page d'explications :

— *Kitanai !* C'est malpropre ! s'écriera un client à l'hôtel, en désignant à la servante un des objets qu'elle vient de poser sur la table.

A quoi, la fille, si elle y est autorisée par tant soit peu de familiarité, répondra plaisamment :

— *Kitanakereba, Nippon sankaku !*

C'est-à-dire :

— *(Mais) si c'était malpropre, le Japon serait triangulaire !* (n'ayant pas de côté nord).

Littéralement :

Kitana kereba, Nippon sankaku!
Malpropre si c'était le Japon triangulaire (serait !)

Mais si de *kitana*, malpropre, on retranche *na*, on obtient le mot *kita* qui signifie nord, et si on incorpore ce *na* (qui est une particule négative aussi bien en japonais qu'en français), à *kereba*, on constitue le terme de conjugaison *nakereba*, si ce n'était pas, s'il n'était pas. Et le calembour est réalisé. En effet, *Kitana-kereba*=*Kita-nakereba :*

Kita nakereba Nippon sankaku !
(Le) nord s'il n'était pas, le Japon triangulaire (serait)!

S'il n'y avait pas de nord, le Japon serait triangulaire !

Telle est l'ossature du jeu de mots qui demande encore quelque commentaire pour être pleinement élucidé :

Le Japon *triangulaire.* — Dans l'esprit des indigènes, nord, sud, est, ouest, composent un cadre, à peu près comme les quatre côtés de la feuille d'atlas qui serait la carte du pays. Dès lors, on se rend compte de l'expression *sankaku*, triangulaire.

Le vin que nous vendons aux Japonais. — J'ai pris à mon service une bonne japonaise qui a passé deux ans à « Yoko »...

Yoko, abréviation familière, amicale, employée par les étrangers pour Yokohama. C'est ainsi que les Yankees disent « Frisco » pour San-Francisco, et les Espagnols « Barna », par contraction de Barcelona. Notre idiome antipathique aux diminutifs et aux augmentatifs ignore le badinage (1) des transformations de José en Pepe, de Pepe en Pepito « mon petit Joseph », puis l'application au minuscule principe vivant porté sur le bras de sa nourrice ou commençant à évoluer sur deux pattes, de Pepitito « mon tout petit Joseph », dont on fera, en continuant de tirer sur l'appel caressant, Pepititito qui déjà ne peut plus se traduire. Et comme l'élastique est susceptible de s'allonger encore, on aboutit à Pepitititito, si bien qu'il ne reste presque plus rien de l'objet chéri, pas plus gros que ça....

Cela est connu, mais chose curieuse dont nous conclurons que les Japonais font tout à l'inverse de nous — et dont, naturellement, ils déduiront non moins logiquement la réciproque — les indigènes, au lieu de Yoko, abrègent en disant Hama (2) : *Hama ye iki-masu* « Je vais à Yokohama ».

(1) Notre vocabulaire des noms propres se limite en l'espèce à deux ou trois termes dont le plus aimable est peut-être « Fillette », employé dans la campagne bourguignonne pour Françoise.

(2) Cela s'explique comme, au fond, toutes choses en ce monde : Yokohama est composé de deux mots, *yoko*, oblique, et *hama*, côte. Il est donc tout naturel que le second mot, qui est l'idée principale, se présente en premier lieu à l'esprit d'un Japonais.

Ma bonne sait faire un peu de notre cuisine. J'ai apporté de France la *Cuisinière bourgeoise*, et je lui traduis des morceaux de la singulière littérature qui distingue ce manuel : « Recette pour faire des pieds de cochon : Prenez vos pieds, grattez-les.... »

Je m'approvisionne de vin à Yokohama. L'eau de Tokyo est détestable, il serait imprudent de la boire sans vin. D'autre part, il serait très dangereux de boire sans beaucoup d'eau le vin des marchands de Tokyo. Il est sophistiqué à l'aide de drogues auprès desquelles la fuchsine de nos mastroquets parisiens n'est que de la petite bière.

Un commerçant de Yokohama m'a montré comment s'élabore le vin qu'on vend aux Japonais :

Un verre que l'opérateur de cette démonstration de laboratoire remplit d'eau devant moi avec la carafe. — Voilà pour *le liquide*.

Un petit verre d'alcool pur qu'on y ajoute, mais qui fut omis dans cette expérience, simplement par économie. — Voilà pour *l'intoxication*.

Une goutte versée d'une fiole contenant quelque très actif extrait de teinture. — Voilà pour *la couleur*.

Enfin, une autre goutte énergiquement sapide. — Voilà pour *le goût*.

Si toxique ce breuvage soit-il, il l'est pourtant moins que celui dont fut victime, il n'y a pas longtemps, un pauvre diable de Japonais de Tokyo, au service d'un de mes compatriotes.

Pendant l'absence de ce dernier, qui s'occupait de photographie, le fidèle domestique déroba dans le cabinet aux manipulations certaine bouteille qu'il s'empressa de faire reluire aux yeux des voisins extasiés, en criant triomphalement : « *I-jin no sake ! i-jin no sake !* Du vin étranger ! du vin étranger ! » Il avala, fit la grimace et expira au bout de deux heures, après d'atroces souffrances.

Son maître rit beaucoup de la méprise qui me parut, à moi, triste et regrettable : il y avait disproportion entre la faute et la peine, partant inhumanité dans l'approbation d'un cruel châtiment. Cette trop rigoureuse punition providentielle me rappela la belle expression de Michelet parlant des massacres d'épuration dans certaines prisons de Paris où étaient détenus, en septembre 1792, des escrocs et des filles : « Que dire d'une justice qui punit les simples délits par des crimes ? »

Les indigènes sont durement, arbitrairement traités par les blancs. Si je cite le cas suivant, ce n'est pas comme exemple de sévérité, car j'en aurais de plus probants à rapporter, mais parce qu'il ne sort pas de mon sujet ; il continue à être question de vin ou d'un liquide de même ordre :

Un domestique japonais de l'hôtel Peyre ayant soustrait et vidé une bouteille fut jugé par les patrons, condamné et descendu avec une corde dans le puits de la cour « pour être noyé ». Il eut, avec les affres de la mort, la chance de revenir de cette aventure qu'un accident aurait si facilement fait passer de la menace affectée à la menace effectuée.

Mon personnel. — Surprenante étiquette : Comment on s'excuse d'avoir cassé une assiette et comment on annonce la mort de sa belle-mère. — Tama-san, c'est le nom de ma servante, m'a demandé s'il n'y avait pas inconvénient à ce que sa sœur aînée et sa mère l'assistassent dans sa besogne, tout en couchant dans la pagode où la place ne manque pas. Bien entendu, sans aucune rétribution et en bénéficiant uniquement du logement. Elles transformeront à volonté en pièce particulière le recoin de la cuisine en s'isolant avec le paravent, le commode, léger meuble, aussi portatif qu'une serviette d'avocat, avec lequel on se constitue, en un tour de main, un domicile indépendant au milieu d'une salle ouverte aux allants et venants, et que je m'étonne de voir délaissé chez nous alors que l'antépénultième génération appréciait tant ses services. Il est vrai que nos appartements ont changé.

J'ai volontiers acquiescé à la requête, me rendant compte que, grâce à la discrétion japonaise, je retirerais profit de cet arrangement sans les inconvénients qu'il me ferait appréhender ailleurs.

En parlant de sa sœur qui l'emporte de beaucoup sur elle par la taille et l'embonpoint, Tamasan emploie parfois ce terme *Dai-Butsu*, grand Bouddha, signalé à propos de ma promenade à Kamakura. J'ai retenu ce mot que je trouve commode pour appeler la bonne auxiliaire, en lui adjoignant l'indispensable particule honorifique *san* (M., Mme, Mlle), ce qui rend courtoise cette expression familière : *Dai-Butsu-san*, Mlle Dai-Butsu.

C'est une brave fille, aussi laborieuse que peu jolie. Sa mère, jusqu'alors très correcte, m'a causé l'autre jour un vif agacement. J'étais dans mon tort, car si les scolastiques ont eu raison de dire : « *De gustibus et coloribus...* », le proverbe : Des coutumes *non disputandum*, serait non moins juste. Mais allez donc prévoir des politesses de cette quintessence ! On eut beaucoup de peine à me faire comprendre :

La vieille dame me servait un veau à la sauce en apparence réussi, nonobstant les difficultés d'interprétation de la *Cuisinière bourgeoise*, quand un faux mouvement lui faisant lâcher le plat, elle voulut gauchement le rattraper avec l'autre main elle-même chargée de deux assiettes. J'en fus pour la perte de mon déjeuner et celle de mes trois disques de faïence.

Je passai de la déception à la colère et de la colère à l'indignation en voyant la sexagénaire fautive partir d'un éclat de rire homérique et se tenir les côtes au lieu de s'excuser. Cependant, elle était dans le vrai, c'est-à-dire dans la tradition, pour dure que fût la chose à digérer :

Lorsqu'un serviteur a commis une maladresse grave, il doit refouler son sentiment et affecter le masque de la gaieté afin de ne pas surcharger de l'attristant spectacle d'un visage consterné la contrariété de son maître.

Naki tsura ni hati ga sasu : « Les guêpes s'acharnent sur une face larmoyante », dit un de ces proverbes dont la signification, rattachée aux images locales, exige quelque initiation pour être comprise de l'étranger.

Au Japon, nous devons être gais avant tout !

Plus tard, je devais avoir l'occasion d'une plus intéressante et probante constatation de ce principe dans la personne de mon ami Tsubo-Uti, le second lettré du consulat de Yokohama.

Ce tout jeune homme, mon compagnon dans mille excursions à travers la vie japonaise qu'il savait que j'aimais, instruit, délicat, loyal, aussi héroïque, si la circonstance se fût offerte, que les plus valeureux de Port-Arthur ou de Tsu-sima, bien supérieur à sa position, appartenait à la petite, si nombreuse noblesse des samouraï, qui dut accepter l'inexorable meule sous laquelle passèrent la chair et les os du Japon, avec l'espoir de reconstituer une pâte plus solide, apte aux rudes épreuves. Comme tous les autres représentants de sa caste supprimée un beau matin par décret, sans indemnisation d'aucune nature, il s'était brusquement trouvé sur le pavé, pour employer notre expression, et avait dû chercher des moyens de subsistance dans un état singulièrement étranger aux traditions de son enfance. J'avais devant les yeux son fin, malheureusement frêle profil — car il est mort jeune — en inscrivant mes réflexions sur le « type aristocratique universel » (*Souvenirs de Bankok*).

Donc, Tsubo-Uti, après avoir cérémonieusement annoncé au consul de Yokohama, M. Lequeux, notre chef commun, la mort de sa mère survenue la veille, se livra à l'accès d'hilarité prescrit par les rites, et se retira. C'était l'application du même précédent principe.

Telle était la forte discipline de sentiments que le vieux Japon, avant de mourir tué par l'étranger, légua à la souple et forte génération actuelle.

Les porcelaines du Daïmyo et les cristaux de Vedius Pollion. — La maladresse dont mes assiettes furent victimes me procure l'occasion de citer une anecdote populaire qui offre un double intérêt. La voici d'abord telle qu'elle est rapportée dans *Le Japon de nos jours*, de M. Bousquet :

« Un daïmyo avait fait faire vingt vases de porcelaine d'une magnifique beauté ; il ne vivait que pour les admirer. Un jour, une servante a le malheur d'en casser un par mégarde. Il entre en fureur et la condamne à mort. En apprenant cela, un de ses vassaux se présente, se disant possesseur d'une recette précieuse pour réparer le vase sans qu'on y soupçonne la moindre fêlure. Il faut seulement qu'il les voie tous ensemble. On le conduit dans la pièce où les précieux fétiches reposent sous une tenture de soie. Il soulève la draperie et d'une seule poussée les jette tous à terre et les brise en mille pièces. Ces dix-neuf vases restants auraient pu coûter, dit-il, la vie à dix-neuf personnes. Prenez la mienne, ce sera bien assez.

« Le daïmyo comprit la leçon et fit grâce à tout le monde. »

Il est assez curieux de voir, dans cette fable d'une ingénieuse moralité, la fiction se confondre avec l'histoire qui a enregistré un fait identique, réel celui-là, survenu à l'autre bout du monde, à Rome, dans des conditions extrêmement honorables pour l'empereur Auguste :

Ce souverain s'étant rendu à l'invitation à déjeuner de son favori Vedius Pollion, fut impressionné par le désespoir d'un esclave qui, en servant, venait de laisser tomber un bassin de cristal dont les débris jonchèrent les dalles. Auguste, qui soupçonna quelque chose au fond de ces circonstances, ayant questionné le pauvre diable, apprit que le maître de la maison utilisait gastronomiquement les gaucheries de cette espèce en faisant jeter aux murènes le coupable de l'accident. Indigné, l'empereur ne se retira qu'après avoir fait briser sous ses yeux tous les cristaux de Vedius, dans la même intention qui, ailleurs et plus tard, guida le feudataire du seigneur japonais.

Objets et êtres minuscules. — Le chant des corbeaux de Tokyo. — Vers midi, on me sert mon déjeuner sur une vraie table et non plus sur le petit meuble carré, à peu près de la forme et des dimensions d'un tabouret pour les pieds, qui est la table japonaise, celle en usage dans les restaurants et chez les particuliers. Chaque convive a la sienne et se tient devant elle agenouillé, seule attitude convenable. En effet, de la sorte, le haut du corps ne s'écarte pas beaucoup de la verticale, et les mains retombent naturellement sur le plateau dont on serait trop éloigné assis à la manière des tailleurs; il faudrait le mettre sur ses genoux.

Gozen-bako, « table », dit mon dictionnaire, traduisant le nom de l'ustensile spécial que je viens de décrire avec celui de nos meubles qui se rapproche le plus de l'objet indigène. Le japonologue qui étudie à Paris ou à Londres les productions littéraires sans avoir mis les pieds sur le sol où elles ont fleuri, est à chaque instant dérouté par des obscurités, des incompréhensibilités non pas grammaticales mais du ressort technologique, à propos des coutumes, du costume, de l'outillage, etc., etc. ; chose bien concevable, attendu qu'il s'agit de deux mondes matériellement et moralement si distants l'un de l'autre. On pourrait, dans ce sens, composer une intéressante petite encyclopédie japonaise qui, pour atteindre son but, devrait porter et sur le passé et sur le présent. Mieux que tout autre document, elle accuserait la richesse de cette civilisation.

La table à écrire ressemble assez à celle à manger. Les tables sont petites, les coupes à saké et les tasses à thé sont petites ; les commodes sont d'une si faible hauteur qu'on peut aisément s'accouder sur leur face supérieure. La petitesse du mobilier provient essentiellement de la posture accroupie, et celle-ci est imposée par les *tatami*, les nattes qui sont la base et le principe de l'appartement. Directement ou indirectement, tout dépend du tatami : il est cause qu'on quitte ses chaussures avant d'entrer, etc.

Donc les objets sont petits, souvent très gentils. Ainsi, ces cages auxquelles une de nos allumettes fournirait le bois de leurs minces barreaux, dans lesquelles on emprisonne une cigale dont le chant sonore emplit l'habitation. Nombre de bêtes sont plus petites que sous les autres latitudes, par exemple les *zeni-game*, « tortues-sapèques », plates, moins larges qu'une pièce de cent sous. On leur donne pour lac une cuvette et pour montagne une roche artificielle moussue, barbue, qu'elles escaladent sans relâche afin de faire le plongeon du haut de cette falaise en miniature. — Les jolies souris, pas plus volumineuses que la moitié du pouce, intelligentes, très faciles à éduquer, qui présentent toutes les couleurs sauf celle souris : blanche, noire, rousse, pie.

J'ai bien la libre jouissance du parc qui s'étend derrière le temple, mais je ne dois pas compter sur les douceurs d'une promenade le long d'avenues fraîchement ombragées. Petits aussi les arbres qui sont les réductions tortues, bossues, qu'on sait. Il existe en russe, m'a-t-on dit, une expression qui a beaucoup de force : « C'est beau juqu'à la laideur... » Je la retournerais volontiers à l'occasion de cette végétation tourmentée, et je dirais : « C'est laid jusqu'à la beauté ! »

Ce jardin qui, de la salle à manger, récrée modérément ma vue, donne donc peu de fleurs et point d'ombre. Il est médiocrement décoratif, mais c'est par le sens de l'ouïe et la dolence due au soleil qui le surchauffe, qu'il restera dans ma mémoire. De même que la note des tièdes soirées de la campagne, le chœur des grenouilles dans la rizière me reportera à telle de mes nuits passée dans une maisonnette de village, au hasard de mes excursions à travers la vie des paysans, de même le *mi... mi...*. de la cigale, aux vibrations métalliques, me rappellera mon jardin de la pagode et la torpeur, non dépourvue de charme, que je ressentais sous l'accablante chaleur des après-midi.

A ce cri de grillon se mêle une autre voix qui semble être celle de l'immense capitale. C'est le croassement des corbeaux, lesquels abondent autour des temples et des palais et sont respectés à l'instar des cigognes d'Alsace ou des hirondelles de Bourgogne. Les enfants entendent dans ces rauques accents une exclamation de gourmandise pesamment scandée : *Ato popo! Mame ga tabe-tai!* « Ato popo! Combien j'ai envie de manger des fèves! » Quoique à Tokyo, pas plus qu'ailleurs, le noir oiseau ne s'adresse aux légumineuses. Cette harmonie imitative de longueur est ramenée à une expression plus simple et plus vraie à la fin de la chansonnette populaire :

Karasu naku, naku,
Djòròya no yane de :
« *Kane mo nai no ni, kao, kao to!* »

C'est-à-dire :

Le corbeau chante, chante,
Sur le toit de l'hôtel des courtisanes :
« Quoique sans un sou, je les aurai, je les aurai! »

L'onomatopée kao, cri du corbeau, signifiant en même temps « j'aurai » ou plutôt « j'achèterai », car c'est le mot brutal qu'on emploie en la circonstance. A Yokohama, j'ai même rencontré mieux que cette liberté de langage, une de ces choses qu'on ne voit qu'au Japon et spécialement dans la métropole commerciale étrangère. Dernièrement, en flânant dans le quartier spécial de « Yoko », j'aperçus un établissement destiné aux matelots étrangers, sur lequel était plaquée une enseigne où on lisait en très grands caractères :

Wines, spirits and musmes sold here.

C'est-à-dire :

Vins, liqueurs et demoiselles en vente ici.

Les puits japonais : Stratagème ingénieux qui sauve un apprenti brigand destiné à devenir le plus notable syogoun de l'histoire nationale. — A l'entrée de ma pagode, dans la petite cour à droite, se trouve un puits dont l'importance s'annonce par une margelle carrée de la hauteur des nôtres, c'est-à-dire faisant garde-fou et arrivant à la ceinture. En général, les puits sont dépourvus de rebord, s'ouvrent à fleur de terre, et le mien n'aurait pas permis au jeune Hide-Yosi de pratiquer le stratagème qui lui sauva la vie ou tout au moins les oreilles.

Je rapporterai cette très historique et très populaire anecdote parce que la disposition particulière des puits de jardin japonais (absence de relief) est justement une des indications que comporterait l'encyclopédie dont je parlais tout à l'heure.

Un des plus célèbres personnages, le plus célèbre peut-être de l'histoire du Soleil Levant, est le syogoun Taïko (vulgo Taïko sama, « Mr Taïko ») complaisamment qualifié de « Napoléon japonais » par les auteurs indigènes teintés de nos annales militaires. Né en 1535, mort en 1598, à 63 ans. Il fit, il refit la conquête de la Corée tant de fois faite avant lui. C'est à croire que la Corée a été créée en vue d'être conquise par le Japon. D'autant plus que les invasions japonaises sur le continent se sont toujours strictement limitées à la péninsule, primitivement divisée en trois royaumes, Sinra, Kôraï et Hakusaï. — Ici une étymologie géographique intéressante : C'est de Kôraï que nous avons fait Corée.

Depuis 1700 ans, c'est-à-dire depuis la première tentative, l'annexion de la presqu'île a toujours été le rêve de l'empire mikadonal. Il l'a poursuivi avec plus de tenacité que les Anglais de la guerre de Cent ans cherchant à s'emparer de la France; que les Ramsès et leurs successeurs consumant leurs efforts dans l'acquisition de la Syrie, ce boulevard politiquement et économiquement indispensable à la sécurité de l'Egypte, — au dire des pharaons; que les Russes poussés par la convoitise d'un port libre de glaces en hiver, au sud de la côte sibérienne.

Au « moment du puits », Taïko-sama était loin de ces visées ambitieuses. Il s'appelait alors Hiyosi ou Hiyosi-maru, un peu avant de s'appeler Hideyosi ou Kinosita Hideyosi et Saru no suke « Face de singe » (un sobriquet, il était fort laid), et enfin Toyo-tomi. Je cite quelques-uns de ses noms. Les annales indigènes sont gênantes, fastidieuses avec les multiples dénominations de leurs héros. — Ainsi que dans un conte à l'usage de nos écoliers, le futur grand homme naquit de « parents pauvres mais honnêtes, » et fut destiné à l'état monastique. Au Japon, comme en France, l'Eglise était à cette époque l'unique carrière ouverte aux roturiers de talent et de volonté qui cherchaient à faire leur chemin.

« ....Hiyosi entra dans un couvent où il ne demeura pas longtemps, le supérieur s'étant empressé de renvoyer un apprenti qui ne faisait que battre ses condisciples et barbouiller les statues de Boudda. Sa famille le plaça successivement chez un fabricant de porcelaines et chez d'autres patrons qui le congédièrent à cause de son caractère insubordonné. Il finit par prendre la fuite, et arrivé le soir dans le village de Hati-Suka de la province d'Owari, se coucha très fatigué sur le pont de Ya-Hagi. Ko-roku-masa-katsu, un bandit qui recrutait ses gens parmi les soldats déserteurs, courait alors la région.

Parti en expédition cette nuit-là, il heurta, en

traversant le pont, la tête d'un enfant que l'obscurité l'avait empêché de voir. Hiyosi se leva vivement : « Tu n'as pas craint de me frapper, dit-il, parce que tu crois que je n'ai pas la force de me défendre. Pourtant tu vas me demander pardon, après quoi tu passeras! » Le brigand étonné répondit que la chose était arrivée par mégarde, fit raconter son histoire au jeune vagabond et lui proposa de s'enrôler dans sa bande. Ce qui eut lieu sur-le-champ, de sorte que la troupe continua simplement son chemin....... »

Dans l'image populaire agréablement coloriée que j'ai sous les yeux, un des hommes de Ko-roku dirige sur le petit vaurien les rayons de la lanterne sourde de l'époque. Cet ustensile est entouré de papier noir, le dessous seul est lumineux et éclaire à deux ou trois pas en avant d'une lueur qui ne s'aperçoit qu'à une courte distance. Quand on se trouvait en présence de quelque chose de suspect, on braquait brusquement ce falot qui, bien entendu, servait aussi bien aux voleurs qu'à la police.

« ....On atteignit bientôt l'habitation isolée qu'on se proposait de piller. Elle était précédée d'un assez vaste jardin ceint d'une forte palissade que les bandits se mirent à attaquer avec une poutre, au risque de réveiller le personnel de la demeure. Hiyosi leur représenta l'imprudence de ce procédé en leur signalant un moyen bien moins dangereux, un gros arbre qui avait poussé en dehors de la clôture et dont les branches retombaient de l'autre côté, c'est-à-dire dans le jardin. On suivit cette voie grimpante, mais à peine était-on descendu que retentissait le cri : aux voleurs! Du bruit avait été entendu, toute la maison accourait et tombait en troupe serrée sur l'envahisseur qui prit la fuite après une courte résistance. Hiyosi, lui, n'avait pu se sauver; il était cerné et malgré la profonde obscurité qui le protégeait, sentait le cercle se resserrer autour de lui. Comme il était au bord d'un puits (à fleur du sol), il eut une inspiration : une lourde pierre se trouvait là à point, qu'il poussa dans le vide. Au bruit qui résulta, chacun s'écria : « Un voleur est tombé dans le puits! Un voleur est tombé dans le puits! » Les gens accoururent tumultueusement, et à la faveur du désordre Hiyosi réusit à s'échapper....... »

Pour en finir avec cette histoire, j'ajouterai que Hiyosi resta peu de temps avec Ko-roku ; mais avant de se séparer, les deux associés s'engagèrent réciproquement. Il fut convenu que le premier arrivé protégerait l'autre. Entré en qualité de simple palefrenier au service du futur syogoun Nobunaga, Hiyosi (c'est alors qu'il prit ce nom) se poussa peu à peu, manda Ko-roku qui se distingua sous ses ordres et finit dans la peau d'un prince (prince d'Awa).

Les commérages autour de la margelle. — Le puits de la pagode correspond beaucoup à notre lavoir communal entouré par les commères villageoises en train d'échanger ces bavardages dont le besoin est si vif que sa satisfaction semble être pour elles la forme même du bonheur. Les Scandinaves avaient inventé un paradis où les preux guerriers se battaient sans relâche. Le walhalla des *obasan* japonaises doit être un lieu de délices où, le riz quotidien assuré, ces walkyries pourront cancaner sans inquiétude, sans trêve et sans fatigue.

Les obasan sont les femmes mariées, que trop reconnaissables à l'arc rasé des sourcils et aux dents laquées de noir, indiquant surabondamment qu'elles ont abdiqué toute coquetterie. Elles constituent la majorité des clientes du puits, et les seaux qu'elles ramènent sont moins remplis d'eau que leurs propos ne le sont de médisances. — Elles s'acquittent de leur tâche manuelle avec une lenteur convenable, excusable en partie à cause de l'absence de la poulie et de la corde inusitées en l'espèce. Il faut, à l'aide du long bambou raboté au couteau sauf un bout de branche faisant V à l'extrémité, descendre et remonter le seau; et c'est moins commode que notre système.

Mais elles composent autour de la margelle un tableau bien pittoresque avec leurs jambes nues jusqu'au milieu de leur maigre mollet, drapées dans les originales étoffes aux dessins blancs sur fond de couleur vive, qui ressortent si bien sur ces artistiques images à un sou que je collectionne amoureusement. Les unes sont des ménagères d'une très modeste indépendance, le reste des domestiques, car la moitié du pays vit de servir l'autre. Les filles, un tantinet plus élégantes et exonérées de l'enlaidissement artificiel des matrones, sont presque toutes, elles aussi, des servantes.

Elles sont fort éloignées de croire que la parole ait été donnée à la femme pour dissimuler sa pensée. Chacune se plaît à divulguer la sienne avec infiniment de loquacité, de volubilité et de gesticulation. On a recours à une mimique animée dans laquelle le doigt qu'on lève a une valeur symbolique ou conventionnelle, et pourrait faire croire à première vue qu'il s'agit du jeu de *Isi-kami-hasami* (1). Le pouce représente le maitre de

(1) Il rappelle le jeu italien, la *mora*, mais il est plus compliqué et beaucoup plus intéressant :

Les deux partenaires, placés l'un en face de l'autre, prononcent à haute voix le traditionnel : « Un, deux, trois ! » en battant trois fois la mesure de haut en bas avec la main droite fermée. Au signal « trois ! », on rapproche brusquement les poings sans qu'ils se touchent cependant, et tout en exécutant ce geste, on a, selon son inspiration, figuré avec les doigts un de ces trois objets :

L'index et le médius allongés en forme de V, représentent comme chez nous une paire de ciseaux, *hasami* ;

La main ouverte représente une feuille de papier, *kami* ;

Et la main fermée — le poing — une pierre, un caillou, *isi*.

Les ciseaux gagnent sur le papisr parce qu'ils *coupent* le papier, et pour la même raison perdent sur la pierre.

Le papier gagne sur la pierre parce qu'une feuille *enveloppe* un caillou ; il perd sur les ciseaux, avons-nous dit.

la maison dans cette pantomime, et le petit doigt la maitresse : « *Il* (racontera l'une d'elles en montrant son pouce), a de nouveau couché cette nuit à Sinagawa (un des quartiers de la capitale où certaines demoiselles japonaises vendent des choses qu'on ne doit pas vendre), et quand il est rentré

La pierre gagne donc sur les ciseaux et perd sur le papier.

Si, par rencontre, les deux mains figurent le même objet : ciseaux contre ciseaux, etc., le coup est nul et on recommence.

Les enfants se livrent à cet amusement pour l'amusement même, mais on voit à chaque instant dans la rue, par exemple un couple de *kurumaya* (traîneurs de jinrik sya), décider, au moyen de ce jeu, lequel des deux aura le bénéfice de la course offerte par un client qui fait signe à quelque distance. Et il n'est pas rare que ledit client impatienté aille chercher voiture ailleurs parce que la partie se prolonge à la suite des coups nuls. Ce petit exercice sert donc jusqu'aux grandes personnes à trancher une question de oui ou de non, et correspond juste, comme intention, à notre *courte paille*, tout en ayant l'avantage d'être plus pratique, puisque l'objet que nous avons besoin d'avoir sous la main est la main même.

Enfin ce jeu donne lieu à une remarque de linguistique :

Il y a deux façons de compter en japonais, l'une, en employant les mots d'origine chinoise (sinico-japonais, par conséquent tout récents : un peu plus de quinze cents ans), l'autre, avec les termes purement japonais. En l'espèce, la première manière sera généralement suivie par le sexe fort, la seconde par les femmes et les enfants, moins bien au courant du vocable sinico-japonais. C'est une constatation du fait notable qu'il existe au Daï-Nippon une langue à l'usage des hommes et une à l'usage des femmes. Bien entendu, il faut un peu beaucoup forcer la réalité pour la faire entrer dans le moule d'un principe aussi inflexible.

Les messieurs diront donc, à la chinoise :

Hi, un,
Ni, deux,
San, trois !

Mais, à la japonaise, on ira jusqu'à *quatre* :

Hi, un,
Fu, deux,
Mi, trois,
Yo, quatre !

J'imagine, parce que de la sorte il y a la même *quantité* de syllabes — quatre — qu'avec la précédente manière.

ce matin encore gris, *Elle* (dressant le petit doigt), lui a fait une de ces scènes....... Il a voulu la rosser, mais elle l'a empoigné au bon endroit (1), et il s'est mis à pousser des hurlements....... L'avez-vous entendu? »

Une des choses qui distinguent ces clabaudages des nôtres, est l'absence de cancans sur la vie conjugale de la maitresse. C'est qu'on a rarement eu l'occasion d'appliquer la peine symbolisée par le significatif cadeau de noces que la jeune fille apporte au fiancé le jour du mariage, les deux seaux de bois où l'on mettra sa tête et celle de son complice si elle trompe son époux. L'adultère est rare, aussi rare de la part de la femme que les fredaines du mari sont fréquentes. Celles-ci se bornent d'ailleurs aux escapades, tolérées par les mœurs, auprès des courtisanes ou des *geisya* (prononciation courante, *gesya*).

(1) Dans une bataille avec son seigneur et maître, la femme, plus faible, ressaisit l'avantage à la faveur de l'habit masculin qui est, comme le sien, une robe ouverte par devant; un peu plus courte seulement. Elle dompte son adversaire en attrapant et comprimant avec vigueur les intimes, si sensibles dépendances de l'attribut qui forme l'orgueil du mâle. — Episode fréquemment reproduit par l'imagerie populaire, non moins naturaliste que le langage.

Jadis, avant l'établissement par Iye-yasu de la concorde nationale qui règne encore aujourd'hui, au cours d'un moyen âge plus violent que partout ailleurs, la femme assaillie défendait son honneur à l'aide de l'arme dangereuse que, dans nos cités actuelles, les demoiselles appelées (je suppose par antiphrase), *filles soumises*, emploient pour les combats auxquels elles se livrent sur les trottoirs sous l'œil amusé du public et le regard blasé de la police presque bienveillante. La Japonaise plantait dans l'oreille de l'agresseur le stylet qui lui servait d'épingle à cheveux.

Quant aux jeunes filles, dont le célibat n'impose pas les mêmes obligations que chez nous, c'est un thème qui à lui seul permettrait au moulin à calomnies de ne pas chômer.

Kwaji et Djisin, ridicule équivoque causée par mon inexpérience dans la langue. — Un appareil qui *photographierait pour l'oreille* les colloques que je viens de raconter serait bien avantageux pour la documentation et aussi pour l'étude de la langue. L'autre soir, mon insuffisance dans la pratique du japonais a amené un quiproquo passablement risible, ou ridicule :

C'était l'heure où plus longtemps que la plupart des mortels et pourtant sans avoir, ainsi que Macbeth, commis la faute de l'avoir tué, j'attends la visite de « l'innocent sommeil ». Le silence de la nuit n'était de temps en temps interrompu que par un bruit bien familier à qui a vécu sous un toit japonais : au-dessus de ma tête, dans les combles, sur le plafond faisant plancher pour elles, la brusque galopade effrénée des souris fuyant devant une couleuvre, puis les couics-couics étranglés de la victime saisie par le reptile.

Soudain j'entendis une certaine agitation ; on allait et venait, on causait dans l'appartement des bonnes. Je me levai en demandant la raison de cet émoi : *Djisin !* tremblement de terre ! me répondit-on. — Une assez légère secousse venait effectivement de se produire, mais je ne l'avais pas sentie, pas comprise plutôt. C'est seulement la seconde fois, après que son attention a été attirée sur le redoutable phénomène, que l'étranger est comme tout le monde sur le qui-vive à la moindre commotion.

Djisin? — Etait-ce mon inexpérience du vocable? Ou, sous l'influence d'un brin de somnolence, subissais-je le trouble bizarre que j'ai eu l'occasion de noter en m'éveillant brusquement au milieu d'un rêve, alors que l'image enfantée par lui subsistait encore une demi-seconde dans mon sensorium après avoir ouvert les yeux dans l'obscurité?

L'objet matériel que le dormeur aperçoit dans le songe, le visage qui lui apparait, déterminent fréquemment dans son esprit l'idée d'un objet tout différent, la vue d'une autre personne. Un réveil subit lui montrera qu'il était en train de percevoir une épée sous la forme d'une canne, et que le vieil ami défunt, fugitivement retrouvé, se masquait sous les traits d'un quidam rencontré la veille sur le boulevard. Même le mot qu'il entend dans son sommeil suscitera par confusion analogue une pensée étrangère au sens lexicologique de ce terme, comme si le fil rattachant l'expression à son acception vraie avait été malicieusement accroché à une idée concernant un sujet voisin:

— de la même famille, le plus souvent, si mes souvenirs sont fidèles.

De sorte que mon inquiétude se reportant immédiatement aux trois calamités majeures dont on est menacé à Tokyo, incendie, tremblement de terre et typhon (mais il ne pouvait s'agir de ce dernier), par un fâcheux enchevêtrement des cordons qui actionnent la mémoire, j'attribuai à djisin, tremblement de terre, la valeur du mot *kwaji* qui veut dire incendie, et crus bel et bien qu'il était question d'un incendie :

— Djisin ! m'écriai-je. Où est-il ? — On rit :

— Mais il est... partout.

— Partout, bonté divine ! En ce cas, il faut au moins mettre les effets à l'abri, veiller à ne pas se laisser cerner.... — On pouffait de bon cœur, et je commençai à m'irriter en voyant qu'on s'amusait de moi au lieu de prendre les urgentes précautions.

— Mais il est fini....

— Comment ! déjà fini, le.... djisin?

— Mais oui !

— Si vite ! c'est bien extraordinaire. Et, en cas de reprise, y a-t-il des pompes dans ce quartier perdu ? — Des pompes pour le djisin, pour un tremblement de terre, on se tordait. Un éclair illumina mes facultés compréhensives; j'eus la présence d'esprit de rattraper ma malheureuse expression avec une phrase artificieuse qui embrouillait l'équivoque. Je m'endormis à demi consolé. Seulement j'avais dit le mot, le mot avait été dit, et le lendemain matin il faisait le tour et la joie de la pagode et du voisinage...

Ce que c'est qu'un typhon. — Tokyo, le 10 octobre 1880.

Tout est chez moi dans le plus affreux désordre. Je viens d'être *typhonné*.

Je commets un barbarisme, tout au moins un néologisme, mais il rend ma pensée. C'est une locution nécessaire ici comme, en France : incendié, inondé...

Dans la nuit de l'autre avant-hier, 1 octobre, sur les onze heures, le vent commença à souffler très fortement. La maison entière frémissait à la manière des vitres de nos fenêtres lorsqu'une voiture passe en courant sur le pavé. Ce bruit m'empêchait de dormir. Au bout d'une demi-heure, il avait acquis une intensité qui me fit comprendre que la chose devenait sérieuse. J'allumai une bougie et m'habillai pour me tenir prêt à tout événement.

Déjà tout le monde était levé. On s'occupait à étayer les cloisons avec des bambous, on poussait de lourdes caisses. Bref, on construisait des barricades comme s'il se fût agi de repousser l'invasion d'une troupe de bandits. Sur quoi le typhon éclata dans toute sa rage. On entendait les tuiles tomber du toit et se casser comme des assiettes. Autour de la pagode tout ce qui offrait un peu de prise à l'ouragan craquait, se disloquait et s'envolait dans les ténèbres.

De pesants volets que l'on fait glisser chaque soir entre leurs rainures, défendaient la cloison extérieure qui supportait perpendiculairement l'effort de la tempête. Toute notre attention était concentrée sur ce point par où l'ennemi menaçait d'entrer. La paroi trop faible, en dépit de nos travaux de consolidation, faisait ventre. Nous étions tous les cinq à l'appuyer de l'épaule et des mains ; on eût dit une lutte corps à corps avec quelque formidable adversaire. Soudain les volets cédèrent, nous fûmes renversés. Le vent fit irruption avec la puissance d'une vague et, en même temps, s'abattit une véritable pluie de briques, de débris de toute nature.

Cependant, — et je ne sais comment nous nous y prîmes à travers cette débâcle, — on réussit en un tour de main à sauver mon lit, mes livres et mes vêtements qu'on emportait en courant dans la grande salle, dans le temple proprement dit. Ce fut là que nous nous réfugiâmes.

Cette salle est située au centre de l'édifice, les autres pièces sont groupées autour ; elle constituait donc notre dernier retranchement. Pendant quelques minutes, on entendit le vent enfoncer successivement les portes, abattre les cloisons, ravager en hurlant la partie du bâtiment qui entourait notre citadelle. Celle-ci, heureusement, était solide, car elle résista. J'ai cru pourtant que nous n'en réchapperions pas. A tout hasard, je m'étais installé au pied d'un pilier, supposant qu'en cas d'écroulement du toit, c'était l'endroit où j'avais le moins de chance d'être écrasé.

Agenouillée devant l'autel de Bouddha, la femme du bonze priait. Le bonze fumait des pipes et buvait du thé. Au bout de quelque temps, il saisit la bouteille de saké et se grisa un peu. Du reste, il s'était montré intrépide durant la lutte avec l'ouragan, et je lui dois en partie le salut de mes effets.

Sur les quatre heures du matin, le vent commença à tomber ; à cinq heures on pouvait sortir. Les gens causaient avec animation, riaient et plaisantaient. C'est le caractère japonais ; une aimable insouciance en fait le fonds, et ces vers sembleront avoir été écrits à leur intention :

Suffit de pouvoir gagner son pain,
Pour l'adoucir quelques confitures,
Quand s'achèveront nos aventures,
De quoi payer quatre ais de sapin.

Les ravages étaient pourtant considérables :

Dans la cour, un arbre énorme, déraciné, était couché à terre. Le sol, autour du puits, était défoncé comme à la suite d'un tremblement de terre. La tempête avait arraché de leur encastrement les lourdes pierres de la « margelle aux commérages » aussi aisément qu'un dentiste extrait une dent de son alvéole. A la porte, un jinrikisya (la petite voiture à bras), culbuté, disloqué, avait été, on peut le dire, transporté sur les ailes du vent, car les demeures les plus voisines sont distantes d'une centaine de mètres. Les maisons, éparpillées sur le versant de la colline que j'habite à mi-côte, avaient été renversées. Au sommet, quelques-unes, tout en restant debout, étaient ouvertes et montraient leur structure intérieure à la façon d'une pastèque coupée en deux.

Beaucoup de personnes ont péri.

Je renonce à dépeindre l'état de ce qui avait été mon logement. Une couche de terre et de tuiles, d'un demi-mètre, recouvrait le plancher, je veux dire les nattes qui tiennent lieu de nos parquets et de nos carrelages. Ceux des murs qui avaient résisté étaient enduits de boue comme si un torrent fangeux se fût frayé un lit à travers la maison.

Eh bien ! c'est à peine s'il y parait aujourd'hui. On a balayé les décombres, remplacé les cloisons détruites et les planches manquantes. — On a comparé fort justement les habitations japonaises à nos décors de théâtre, châssis et coulisses, murs de carton. Un cataclysme quelconque souffle sur cette cité pour rire, le lendemain tout est restauré, repeint à neuf; non moins fragile mais peu coûteux, rapide à édifier.

Voilà ce que c'est qu'un typhon (en japonais *tai-fu*, du chinois *ta-foug*, grand vent). Celui que je viens d'essuyer était, paraît-il, un typhon très ordinaire, relativement bon enfant.

Autre fléau, la saison des incendies va s'ouvrir. Dans son livre, *Le Japon de nos jours*, M. Bousquet estime qu'en quatre ans, il a vu brûler *plus du tiers* de la capitale. Hier soir, pour la première fois, j'ai entendu le tocsin. Comme il était éloigné, je n'ai pas même eu la curiosité d'aller voir, sachant bien que j'aurais incessamment l'occasion de contempler le spectacle sans avoir besoin de me déranger.

Or l'incendie n'est rien à côté du tremblement de terre dont les Japonais, qui fument tranquillement leur pipe en regardant le feu consumer leur quartier, ne parlent qu'avec crainte.

III

LES DEUX JOURNAUX FRANÇAIS DE YOKOHAMA

L'Echo du Japon et le Courrier du Japon. — Néfaste situation commerciale des étrangers. — Deux quotidiens, qui sont toute la presse française du pays, végètent à Yokohama, *L'Echo du Japon* et *le Courrier du Japon*.

La première de ces feuilles remonte à une dizaine d'années et connut des jours prospères. Je n'ai pas vu naître, mais je verrai prochainement mourir la seconde, qui est toute récente. J'ajoute que l'éphémère *Courrier du Japon* ne fera que creuser la tombe où le rejoindra son rival représenté par mon ami Salabelle, le laborieux, intelligent et unique directeur, rédacteur, correcteur, comptable, etc. de *l'Echo*, avec qui je fonderai dans la suite un mess à deux, à Yokohama.

Au moment où j'écris ceci, il a fait en Indo-Chine une brillante carrière, et je lui adresse, du bout de la plume, un cordial souvenir. Mais reprenons.......

L'Echo du Japon est républicain, oui, mais pas assez au gré de son collègue, qui fait surenchère de libéralisme. D'où de violentes polémiques qui passionnent le lecteur sans, malheureusement, augmenter le nombre des abonnés forcément limité, encore à l'état de desideratum, aux quelques centaines de résidents qui composent toute notre colonie dans ce pays.

En attendant l'arrêt de leurs destins respectifs, les deux folliculaires, pareils à des araignées enfermées dans un pot, se dévorent mutuellement, faute d'une autre substance. Cette situation ne leur est pas particulière, elle est liée à une évolution, une révolution économique très soudaine, très inattendue et très à prévoir, qui frappe actuellement tout le corps étranger, et le frappe irrémédiablement. Ces gens qui, il y a peu d'années, touchaient de superbes appointements au service du gouvernement japonais ou réalisaient comme négociants de gros bénéfices, sont, les premiers, un à un congédiés, voient, les autres, le chiffre de leurs affaires baisser continuellement, logiquement, avec unique perspective de l'aggravement de cet état.

Aussi les vieux résidents trouvent-ils la vie bien moins gaie aujourd'hui, notamment les instructeurs qu'a laissés sans emploi l'émancipation du jeune Japon suffisamment instruit ou croyant l'être et désireux de faire les choses par soi : *Giapone fara de se*. Car, imitant de façon moins tragique et plus moderne la conduite de leurs ancêtres qui, lors de Simabara, préférèrent subir les conséquences du décret d'expulsion, c'est-à-dire la mort, plutôt que de quitter le Soleil Levant, quelques-uns persistent à végéter à Tokyo et à Yokohama. Ils végètent à la manière de ces plantes contentes de rien, qui se rafraichissent avec une goutte d'eau et s'alimentent du soupçon de substance que leurs radicelles, plongeant dans le roc vif, arrivent à se fabriquer elles-mêmes, — Dieu sait comment ! Ceux-là abondent en « souvenirs et regrets » sur l'âge d'or où moins qu'un diplôme, le seul titre d'Européen permettait d'obtenir une place de plus de vingt mille francs (300 piastres mensuelles, au cours d'alors si avantageux), garantie par contrat de deux ou trois années. Même sans l'exercice d'une spécialité, moyennant le simple enseignement de la langue du professeur. Et plus d'un aurait eu besoin de quelques leçons pour se perfectionner dans l'art qu'il pratiquait.

Ce temps irrévocablement évanoui et dont je n'ai connaissance que par la tradition, est néanmoins si voisin que (détail caractéristique de la rapidité de l'évolution), notre compatriote précédemment cité, M. Bousquet, conseiller légal auprès du gouvernement japonais pendant quatre ans, à partir de 1872, qui a publié son livre en 1877, racontant cette époque dans les pleines eaux de laquelle lui-même évoluait, écrit : « On se demandera si le Japon est condamné à nourrir éternellement cette armée de pédagogues étrangers. Il est important de licencier ces maîtres onéreux pour son trésor, mais le moment de réaliser ce désir ne semble *ni arrivé ni même proche.* »

Un lustre de plus et l'auteur assistait à la dispersion de la société pittoresque, remuante, entreprenante, qu'il dépeint avec complaisance et dont il vante les qualités d'initiative en en citant des traits parfois assez singuliers, témoin ce passage de son récit (t. I, p. 305) : « Je sais un ingénieur qui a construit ici *le premier pont qu'il ait vu.* » Assurément ce constructeur faisait d'une pierre deux coups en bâtissant ce pont qui comblait une si surprenante lacune de son instruction. — On peut donc considérer comme virtuellement terminée la période d'initiation des indigènes aux mystères de notre civilisation. Non seulement pour les connaissances spéculatives dont l'acquisition leur permet en ce moment de remercier leurs précepteurs, mais pour celles industrielles, commerciales, dans l'application desquelles ils font aux marchands de toutes les colonies une concurrence impossible à soutenir. Non seulement ils construisent eux-mêmes leurs chemins de fer, mais ils confectionnent nos chaussures de cuir, taillent des redingotes, tirent une photographie.......

Extraits de l' « Echo du Japon ». — Comme documentation de la vie quotidienne, je transcris ci-après une série d'extraits de *l'Echo du Japon*, qui participent plus des nouvelles diverses que d'un autre genre. Ce relevé comprend juste la période qui vient de s'écouler depuis mon arrivée jusqu'aujourd'hui, c'est-à-dire les trois mois d'août, septembre et octobre :

3 Août 1880. — On lit dans le *Maï-niti* (journal japonais) :

Défense est faite aux soldats des régiments de la garde impériale de lire d'autres journaux que le *Niti*, le *Hôti*, le *Hei-di* et le *Heisi Notomo* : des punitions disciplinaires seront infligées à ceux qui enfreindront cet ordre.

7 Août. — L'ex-roi de Liou-Kiou (1), Shio-taï, actuellement kwa-zokou (titre nobiliaire japonais), vit tout à fait isolément, dit le *Nili*, et n'a pas l'air de s'occuper des événements qui se passent autour de lui; les fleurs, la poésie et la musique absorbent tout son temps; on dit même qu'il ne dédaigne pas de temps en temps de faire des libations plus que raisonnables de saké.

8 Août. — Un télégramme annonce qu'un incendie épouvantable a éclaté à Niigata dans la nuit du 6 courant. Les deux tiers de la ville sont détruits. D'après les dernières informations, plus de cinq mille maisons ont été détruites.

9 Août. — D'après un récent recensement, le nombre des habitants étrangers à Tokio s'élève à 102.

10 Août. — On annonce la publication prochaine d'un ouvrage politique. L'auteur, M. Sawa, résidant à Hiogo, combat les idées libérales qui font de si grands progrès au Japon et prétend que l'établissement d'un parlement national est inutile et contraire au bien du pays.

11 Août. — On lit dans le *Nili niti sim-bun* (2) :

(1) Le premier pays incorporé depuis la révolution de 1868. Le second, Formose, en 1895, et le dernier, la Corée, qui restera aux Japonais, avec Port-Arthur, qu'ils ne garderont pas, il est à le souhaiter dans leur intérêt

(2) Devrait être écrit *boun* puisque, plus haut, on a orthographié

Un paysan habitant Noshiou a découvert dans un champ de riz une grenouille énorme qui était occupée à dévorer un serpent mesurant 10 centimètres de longueur. Plusieurs personnes attirées par les cris du paysan accoururent et le batracien, sans s'inquiéter le moins du monde de la foule qui augmentait à chaque instant, continua tranquillement son repas ; le reptile disparut en quelques minutes.

C'est la première fois que l'on voit une grenouille manger un serpent, c'est le contraire qui a lieu ordinairement. Il en est de même des hommes qui peuvent également se diviser en serpents et en grenouilles, les uns dévorant les autres, mais nous savons maintenant que les grenouilles peuvent prendre leur revanche, et il pourrait bien que la main nue du peuple tienne un jour en respect la main armée du soldat.

L'esprit des journalistes japonais est très apte à produire des Paul-Louis Courrier :

M. Imamura, mon répétiteur à l'Ecole des langues orientales, goûtait ce genre littéraire, comme je m'en aperçus à quelques articles de journaux japonais qu'il me donna à traduire. Dans un de ceux qu'il signala à mon attention, le rédacteur com-

« kwa-zokou ». Ou, alors, on aurait dû écrire « kwa-zoku et « bun ». Mais je fais une copie textuelle, en me contentant d'intercaler quelques observations typographiquement soulignées au moyen des caractères penchés imaginés par l'italien Alde Manuce.

mençait par parler très naturellement agronomie: Les rizières allaient donner une récolte abondante si les inamusi, *les sauterelles destructrices, ne se mettaient pas de la partie. Puis, l'auteur, passant au figuré, assimilait l'action néfaste de ces insectes à celle des gros fonctionnaires, les inamusi du peuple japonais. C'était bien amené, je me rappelle, et d'un heureux effet.*

Même date. — Le nombre des partisans de la création d'un parlement national augmente dans de considérables proportions dans le ken de Yamanashi. Ils sont aujourd'hui au nombre de 30.000 et souscriront chacun pour une somme de 20 sens (vingt sous) par mois, destinée à subvenir aux frais de la propagande.

12 Août. — L'ambassade coréenne est arrivée hier à Yokohama, à bord du Wakanura maru. Elle a débarqué à l'hatoba anglaise vers 10 heures du matin. C'étaient en tous points les mêmes hommes aux longues barbes, aux traits mongols, à l'air hautain, que ceux qui faisaient partie de la première ambassade qui a visité le Japon en 1876. Le fameux ministre S. E. Kinkoshiu, muni d'énormes lunettes bleues, était encore porté en palanquin par quatre hommes précédés par deux hommes munis de trompettes de plus de un mètre de long, et suivi de nombreux Coréens en jinrikisya.

Même date. — On pouvait lire hier matin sur

une affiche qui avait été placardée dans la rue Saïmon-tcho (Tokio), l'avertissement suivant : « Nous, au nombre de 250, sommes décidés à aller nous enfermer au dépôt de poudre de Senda-gaya et d'y mettre le feu. » Cet avis est l'œuvre de pauvres gens qui se trouvent dans la plus grande misère à cause de la hausse du riz.

Même date. — D'après le dernier recensement, le nombre des temples bouddhistes au Japon s'élève à 375.986.

Oui, mais dans ce total figurent de petites chapelles cubant 6 ou 8 mètres.

21 Août. — Le rédacteur en chef de « l'Akebono » a été condamné avant-hier à deux ans de prison et à une forte amende pour avoir publié dans son journal un article intitulé : De l'amour du peuple.

24 Août. — La journée du 20 courant à Tokio a été signalée par des faits qui ont dû créer bien du travail à Messieurs de la Préfecture de police. 112 maisons de cette ville ont été visitées dans le courant de cette journée par les voleurs et dans toutes les vols ont été importants. Huit de ces malfaiteurs ont été arrêtés, cinq enfants disparus, un enfant noyé et un enfant mort.

26 Août. — La maladie des suicides règne au Japon. D'après le rapport de la Préfecture de police, la moyenne de trois suicides par jour à Tokio, tous causés par la misère, a doublé aujourd'hui.

29 Août. — La misère est si grande parmi les pauvres de Tokio que dans le quartier de Hatchibori, près de Shimabara, il y a des femmes qui vendent leurs cheveux pour acheter du riz.

30 Août. — On lit dans le *Tchoya chim-bun* :

Le 23 courant, M. Sousouki, grand prêtre du temple de Hongandji, a invité l'ambassadeur coréen avec une dizaine des officiers de sa suite. Le dîner avait été commandé au restaurant Kawatcho, et comme les Coréens n'aiment pas le sucre, ordre avait été donné de saler les aliments.

On a mis à leur disposition du piment, du poivre et du sel; ils ont usé presque tout un flacon de ces épices pendant le repas. Ils n'aiment pas la glace et ne boivent que de l'eau tiède. Pendant le repas, ils quittent à tout bout de champ leurs places, chantent, récitent des poésies, en un mot se conduisent comme des enfants. Sur la question que fit à l'un d'eux M. Komaki, au sujet de la constitution actuelle de leur gouvernement, ils se sont regardés les uns les autres en souriant et finirent par avouer qu'ils n'en savaient rien.

31 Août. — Hier, environ 100 soldats de la garnison de Tokio ont eu maille à partir avec plus de 200 agents de police; comme d'habitude, après s'être injuriés mutuellement, ils en vinrent aux voies de fait, et à 5 heures du soir a commencé un véritable combat qui a duré jusqu'à 7 heures. Il y a eu des deux parts un assez grand nombre de blessés.

2 Septembre. Sur les 205 candidats qui se sont présentés le 29 courant à l'examen pour obtenir leur diplôme d'avocat, 20 seulement ont été reçus.

6 Septembre. — Le nombre des personnes condamnées aux travaux forcés, pendant le mois d'août par le Saï-ban-cho de Yokohama, s'élève à 108.

8 Septembre. — On trouve chaque jour dans les rivières de Kanda et de Tanagawa des cadavres de malheureux que la misère a poussés à se suicider. On sait que l'eau de ces rivières sert à la consommation de Tokio, et l'on craint avec juste raison que son emploi ne devienne bientôt dangereux.

10 Septembre. — Les vols déjà si nombreux à Tokio le sont encore davantage à Osaka. Le 22 du mois dernier, vers minuit, une quinzaine de malfaiteurs armés de longs sabres pénétrèrent chez le nommé Soumi-tomo, un des négociants les plus riches de la ville. Après avoir lié et garrotté les deux gardiens à la porte et tous les employés, les malfaiteurs se présentèrent chez le maître de la maison qu'ils forcèrent le sabre à la main à ouvrir son coffre-fort. Ils s'emparèrent d'une somme de 15.000 yens et partirent en disant qu'ils reviendraient lorsqu'ils n'en auraient plus.

Même date. — Dans le ken d'Ibaraki, des coolies ne pouvant se procurer du riz, par suite de sa cherté, mangent la viande des chevaux qui meurent.

Beaucoup plus significatif que chez nous en raison de la coutume qui interdit de consommer la viande. Usage d'origine religieuse mais devenu un trait de mœurs national, qui continue à régner en dehors des grandes villes où quelques Japonais commencent à adopter notre cuisine. Les uns — classe dirigeante — par genre ou par goût, les autres — artisans — parce que, disent-ils, avec la besogne plus rude qu'impose le nouvel ordre de choses, on éprouve le besoin d'une alimentation plus fortifiante. — Nos partisans comme nos adversaires du régime végétarien rencontreraient ici un champ d'expérience concluant.

27 Septembre. — Le *Kin-di-Hioron*, journal japonais réputé pour ses idées libérales, a été suspendu vendredi dernier.

Même date. — Du 1er juin au 31 août de cette année, 51.600 personnes ont fait l'ascension du Fouziyama; sur ce nombre, 10.000 sont des femmes.

28 Septembre. — On lit dans le *Hotchi simbun* :

Un de nos correspondants de Paris nous raconte un fait assez curieux qui s'est passé dernièrement dans la capitale de la France. Trois Suisses habitant à Bâle sont venus à Paris il y a quelque temps et se sont logés au grand hôtel. Un jour qu'ils se promenaient sur le boulevard des Italiens, ils virent un restaurant magnifique situé près de l'avenue de l'Opéra; ils y entrèrent et se firent servir un repas copieux qu'ils arrosèrent des vins les plus exquis. Le festin terminé, ils demandèrent la carte et poussèrent un cri de stupéfaction en voyant que le total s'élevait à la somme de quinze mille francs. On leur répondit que ce chiffre était parfaitement exact et qu'on leur avait même compté très bon marché. Nos trois Suisses furieux et croyant qu'on se moquait d'eux parce qu'ils étaient étrangers, intentèrent un procès au propriétaire du restaurant. L'affaire est aujourd'hui entre les mains de la Cour de Cassation qui n'a pas encore rendu son jugement.

7 Octobre. — M. Yoshi Kuni, rédacteur en chef du *Kommon chim-bun*, vient d'être condamné à 2 ans de prison et à 300 yens d'amende pour avoir publié dans son journal un article critiquant les actes du gouvernement. La même peine a été infligée à M. Tanaka, rédacteur en chef du *Fousso-sinshi*, pour le même motif. On a été un peu plus clément pour M. Okawa qui dirigeait le *Sei-dan chimbun*; il n'a été condamné qu'à un an de prison et 150 yens d'amende pour un article intitulé : « Le désaccord qui existe entre les san-ghis de Tchiochiu et ceux de Satsouma sera la cause du renversement du cabinet actuel. » Nous avons eu sous les yeux une traduction de ces différents articles qui sont loin de justifier la rigueur déployée par le gouvernement.

Même date. — Pendant le typhon du 4 courant, 1.086 maisons se sont écroulées à Tokio, 2.367 maisons ont subi de forts ravages.

9 Octobre. — Le typhon du 4 octobre a fait de nombreuses victimes parmi les pêcheurs. On annonce qu'à Haneda, près de Shinagawa, plus de 230 personnes ont été noyées.

C'est tout bonnement le typhon que je raconte dans le chapitre précédent.

12 Octobre. — Les bonzes du temple de Tchiou-in, de Kyoto, viennent de faire paraître un ouvrage pour combattre les progrès de la religion chrétienne qui compte chaque jour de nouveaux adeptes.

27 Octobre. — Une réunion politique a eu lieu le 23 courant à Tiaya Imura; MM. Oichi et Okouyama ont pris la parole, mais le dernier a été arrêté dès les premiers mots qu'il a prononcés, et les policemen ont fait évacuer les salles.

Corée et Coréens. — La Corée, sur les émissaires de laquelle le journal donne les assez curieux détails qu'on a lus, continue à être une *terra incognita*, le « Royaume Solitaire » hermétiquement fermé, protégé sur le continent contre la pénétration étrangère, par une extraordinaire zone sauvage, la bande d'une valeur superficielle de plus de deux départements français (11.000 kilomètres carrés, chiffre d'Elisée Reclus), qu'il est interdit aux riverains de cultiver : culture soignée, efficace, de barbarie, élevage de bêtes féroces et parc à tigres et à léopards, les deux grands félins de la péninsule, tout aussi redoutables l'un que l'autre.

C'est sur le globe la dernière nation isolée par son gouvernement. Mais il est douteux qu'elle reste longtemps dans cet état. La porte si obstinément close du royaume retentit bruyamment sous le heurt de son marteau incessamment agité par la main des voisins. La « Fraicheur du matin » (1), tel est le sens des deux caractères idéographiques lus *Tsyô-Sen* à la japonaise, que les indigènes emploient pour désigner leur pays depuis le XIVe siècle et la fusion des trois royaumes en un seul, car ils ne font pas usage du nom de Corée dont la source, *Kô-Rai*, a été signalée dans un chapitre antérieur — la Fraîcheur du matin doit se dire que les coups de marteau de gens si pressés d'entrer pourraient vite devenir des coups de canon.

Le plus impatient de ces visiteurs, le plus intéressé à pénétrer le premier, vient d'être non seulement entendu mais *écouté*. Car, en dépit des grammaires latines de mon jeune âge qui traduisaient *audio* par « j'entends *ou* j'écoute », sous prétexte que c'est la même chose, ce sont deux actes très distincts. On peut écouter attentivement

(1) Cette expression me paraît plus exacte que celle de *Sérénité du matin*, enregistrée par E. Reclus et les divers auteurs. *Sen* signifie frais.

sans rien entendre du tout, et c'est seulement après avoir été entendu quelque temps, que le Japon fut écouté.

Au mois de mars 1876, on apprit, non sans surprise, qu'un traité avait été signé entre le Soleil Levant et la Fraîcheur du matin qui ouvrait des ports au Japon. Les étrangers connurent en même temps l'entreprise et le résultat de l'entreprise. Cela avait été une négociation subtilement menée, à l'asiatique ; mieux, à la japonaise. Ce peuple semble avoir pris pour devise le contre-pied de la comédie de Shakespeare : *Much ado about nothing* (Beaucoup de bruit pour rien) : « De la besogne et point de bruit... » Mais revenons aux Coréens.

Quand on leur demande la cause de leur réclusion obstinée, ils répondent en souriant qu'ayant toujours été malheureux dans leurs guerres — parmi les nombreux surnoms de la presqu'île, celui de « royaume de la déconfiture » conviendrait bien — ils ont plus à perdre qu'à gagner à l'ouverture du pays. On ne peut guère s'empêcher de leur donner raison quand on se rappelle ce qui est survenu chez eux depuis le jour — il y a 1700 ans — où la Sémiramis japonaise, l'impératrice Jin-gou, de la pointe de son arc, traça cette inscription sur la porte du palais du triste roi de Sin-Ra : « *Sin-Ra wö wa Nippon no inu nari!* le roi de Sin-Ra est le chien du Japon ! » La Corée qui, un peu avant le commencement de notre ère, introduisit pacifiquement au Japon les premiers éléments de civilisation, a payé ce succès aussi cher que nous à l'égard de l'Angleterre dont la conquête par Guillaume de Normandie nous valut l'effroyable guerre de Cent ans. Durant quatorze cents ans, à part quelques alternances d'une émancipation vite et rigoureusement réprimée, les trois états péninsulaires furent tenus sous le joug de la plus dure domination, une domination laconienne, celle qui faisait chanter à Tyrtée célébrant la funèbre déchéance des Messéniens : « Ils pleurent, eux et leurs femmes, lorsque la Parque tranche les jours de quelqu'un de leurs maitres. » C'est pourquoi, depuis les trois siècles de tranquillité que leur terrible voisin leur a laissés, les Coréens, en ce moment en butte à deux convoitises, la moscovite et la japonaise, n'ayant que le choix entre deux calamités, ont gardé de celle passée un tel souvenir que, plutôt que d'y revenir, ils préféreraient dix fois courir la chance d'un asservissement par les barbares blancs. Cela, en dépit de la parenté ethnographique avec le conquérant oriental, de la ressemblance des visages, de l'identité dans l'expression écrite de la pensée (communs caractères chinois), qui sembleraient devoir constituer d'étroites affinités entre les deux nations. Les Japonais, chez eux, entre eux, doux, polis, humains, sont redoutables et inflexibles dans leur politique extérieure. Et ils vont jusqu'au bout de leur principe, jusqu'au « un point et c'est tout » de leur programme.

J'ai entendu dire au ministre de Belgique, qui a eu plusieurs fois l'occasion de s'entretenir avec certains d'entre eux : « Les Coréens ont l'intelligence encore plus déliée que les Japonais, et quand ils s'y mettront, ils iront plus loin qu'eux. »

Une telle opinion, qu'il ne sera bientôt plus permis à personne de soutenir, montre combien ces gens-là sont mal connus en ce moment. Je verrai moi-même à Pékin, dans peu d'années, ces géants ou plutôt ces longs roseaux vacillants, coiffés d'un chapeau aussi monumental que celui des Tonkinoises, tout habillés de blanc ; et cette couleur virginale donne à ces grands diables un étrange aspect d'Eliacins. On songe, en les voyant, à un peuple descendu de très loin, de très haut, d'un pays de montagnes dont les neiges ont influencé les habitants à la manière des hermines, des renards et autres hôtes des froides régions. Ils ont pour le blanc une prédilection malheureuse, car c'est la seule couleur qu'ils devraient absolument éviter, en raison de leur noire malpropreté. Peut-être peut-on considérer ce goût comme la première manifestation de leur génie béotien. Au surplus, indolents, une race paresseuse par excellence. Et ce défaut est bien un défaut naturel. Je veux dire qu'il n'est pas imputable à la séquestration dans laquelle ils ont été maintenus. L'isolement du Japon, siège d'une si grande activité, fut, jusqu'à l'époque récente, encore plus strict que le leur.

Et pourtant ces Coréens de lourde intelligence sont du moins capables de faire produire quelques fleurs à leur jardinet littéraire. Modestes marguerites, bonnes tout au plus à décorer la boutonnière d'un académicien. Parmi leurs contes, d'un canevas ingénieux et amusant, d'une broderie gracieusement originale, le suivant m'a paru le mieux exprimer les inspirations de l'esprit de ce peuple à la fois primitif, usé et sénile. C'est l'aventure d'un Haroun-al-Raschid coréen, relatée en français par nos missionnaires, que je transcris purement et simplement :

La piété filiale récompensée

« Il y avait en Corée un roi appelé Tjeng Tjong, qui était célèbre dans tout le royaume par sa bonté. Une nuit, déguisé en bourgeois et suivi d'un seul homme de sa garde, il parcourait l'intérieur de sa capitale pour se rendre compte de tout en détail. Arrivé à un certain endroit, il prêta l'oreille devant une maison misérable. Il fit un trou dans le papier et aperçut un vieillard qui pleurait, un homme en deuil qui chantait, une bonzesse qui dansait. Intrigué, il appelle. Entendant sa voix, l'homme en deuil se présente. Tjeng Tjong le salue et lui dit : « Nous ne nous sommes « pas encore rencontrés. » — « C'est vrai, répond « l'homme, mais d'où êtes-vous et pourquoi venez-« vous me troubler à cette heure ? » Tjeng Tjong répond : « Je suis M. Ni, demeurant à Tong-Kou-« An, et passant par ici, et entendant de la musi-« que, j'ai fait un trou et j'ai aperçu un vieillard « qui pleurait, une bonzesse qui dansait, un « homme en deuil qui chantait ; qu'est-ce que cela « veut dire ? » « N'insistez pas et éloignez-vous », répond l'homme en deuil. — « Mais je dois être « informé, dit le roi, des raisons qui vous font agir « ainsi. » Enfin, pressé de questions, le pauvre diable finit par s'expliquer : « Nous ne sommes « que des pauvres et n'avons rien, ayant tout « perdu ; ma femme a vendu tous ses cheveux « pour apporter un bol de riz à mon vieux père, « et aujourd'hui elle n'a même plus cette ressource « puisque tous ses cheveux sont partis au fur et à « mesure, et qu'elle n'en a plus un seul. Aussi « mon père se lamente et déplore d'avoir réduit « sa bru à cet état. Celle-ci pour le consoler danse « et moi-même, bien qu'en deuil, je joue de la « musique pensant que cela fera plaisir à mon « père. »

« Tjeng Tjong vit là une grande détresse et une grande piété filiale. Il répondit : « Il y a des choses « bien extraordinaires dans ce monde ; présentez-

« vous demain à l'examen. » — « Quel examen « y a-t-il demain? » — « Il y a examen et je m'y « présente aussi; il faut que vous soyez au nom- « bre des candidats, et je vous donne rendez-vous « dans l'enclos. »

« Le roi, rentré au palais, donne l'ordre d'annoncer l'examen pour le lendemain; tous les lettrés sont étonnés, mais tel est l'ordre royal, et les candidats se pressent en foule dans l'enclos réservé, notre homme en deuil parmi eux. On donne le sujet de la composition : Le chant d'un homme en deuil, la danse d'une bonzesse, les larmes d'un vieillard. Tous restèrent cois, sauf notre homme, lequel fit une belle composition et fut reçu. Le roi le fit appeler : « Me reconnais-tu? » dit-il. Et le pauvre diable, tremblant de peur, reconnut son hôte de la veille : — « Ne crains rien; « tu es reçu docteur et ta piété filiale te vaut une « haute charge. Va trouver ton vieux père et ta « femme et console-les ; vous vivrez désormais « heureux. »

« Et le peuple, apprenant la chose, fut reconnaissant à son roi Tjen Tjong. »

IV

LES TROIS SAISONS. — CONFÉRENCES JAPONAISES. DÉPART POUR YOKOHAMA

Grande variété de climats. Trois saisons. — Tokyo, novembre 1880.

La température est charmante, fraîche, revivifiante, parfaitement saine.

Le pluvieux printemps est un simple passage des frimas aux ardeurs de l'été, une saison mal marquée, sans physionomie ni agrément. Ici le vrai printemps, c'est l'automne.

La végétation dans laquelle les pins, sapins, occupent une large place, possède sa pleine beauté. Pas de pluie, un ciel toujours pur ; et cela dure du 1er septembre au 15 janvier, assez exactement.

Daï-Nippon, le « Grand Japon ».... Surtout il est long : A l'instar du Chili, moins régulièrement toutefois que la république américaine, il suit le méridien et s'étend depuis le Kamtchatka jusqu'à la zone torride (1). D'où une intéressante variété de climats.

J'envisagerai seulement, en partant du parallèle

(1) Où il plonge actuellement avec Formose, coupée en deux par le tropique du Cancer.

de Tokyo, le sud de la grande île ; et dans cette région, la partie orientale. L'autre, celle qui fait face au continent, — le versant occidental comme l'appellent les géographes, bien que la ligne de partage des eaux n'ait pas ici la netteté qu'on généralise peut-être trop systématiquement, — est soumise à un régime plus sévère dont on note les effets dans l'importante cité de Niigata.

Sauf Hakodaté, Niigata et Nagasaki, ce territoire circonscrit comprend les grandes villes de l'empire : Tokio, Yokohama, le prospère comptoir étranger de Kobé, Hiogo ; la riche, trafiquante et populeuse Ohosaka, Nagoya, Kyoto, la capitale détrônée, etc. C'est bien le cœur de l'empire. Les saisons afférentes à ce district sont différentes des nôtres, quoiqu'au point de vue température, un Parisien ou un Marseillais n'aient pas un très sensible écart à redouter.

L'hiver commence presque à jour fixe, le 15 janvier : Un froid qui ne dépasse pas quelques degrés au-dessous de zéro, mais aigre, accentué par le vent et l'humidité. Une neige abondante, les maisons toutes blanches. C'est un effet qu'affectionnent le paysagiste et le photographe indigènes. Ce dernier sait traiter ses personnages avec un sentiment de l'esthétique et du naturel, — le bon chemin, aussi bien qu'en littérature, — qui, tôt ou tard, sera pour l'art en question une révélation dont il a grand besoin chez nous :

Montée sur ses hauts *geta* de mauvais temps, espèces de sandales de bois munies de deux planchettes verticales qui relèvent sa stature généralement un peu insuffisante ; avec sa coiffe d'hiver, la tête intégralement drapée, sauf les yeux, à la mode des Fellahs et presque à celle des Liméniennes ; secouant la neige du pittoresque parapluie au dôme de papier huilé couvert d'inscriptions chinoises, malheureusement incommode à cause de sa lourde charpente en bambou qui le fait rapidement délaisser pour son concurrent européen, la jeune mousmé qu'on peut avoir moyennant deux sous (en photographie), est la séduisante et exacte copie du modèle qui, grâce à Dieu, court les rues, pour le plus grand charme de ce pays...

A la faveur d'un printemps mal caractérisé, la température s'adoucit. Survient l'été dont la caniculaire ardeur abattra un Français durant les six semaines qui sévissent du 15 juillet au 1er septembre. Les maisons de commerce, les consulats, ferment à partir de midi. Les privilégiés vont prendre des vacances dans les fraîches stations de l'intérieur, par exemple à Miyanosita que l'intelligente spéculation japonaise a mis à portée de la main (du pied plutôt), des résidents de Yokohama, tout en y installant des hôtels à l'occidentale, très suffisamment confortables.

Mais en ville !

A neuf heures du matin, le thermomètre accuse

trente-trois ou trente-quatre degrés d'une chaleur extrêmement humide ; c'est à peu de chose près le tarif de Saigon. Intolérables sont les après-midi : déjeuner est un effort récompensé par un ruissellement de sueur qui fait trouver pesant le « kimono », ce si léger peignoir, et donne l'envie de s'échapper de sa peau, de l'enveloppe naturelle, déjà accablante. Sous l'étouffante moustiquaire, fort incapable de « tamiser l'air », — agaçante expression de certains vieux résidents qui me font l'effet de se moquer du monde avec leur image optimiste, — la nuit, dure d'insomnie, fait regretter la journée.

Cependant Phébus poursuit sa carrière glorieuse au dedans de l'anneau céleste émaillé des douze constellations zodiacales, et l'Automne, d'un premier coup d'éventail, remue la stagnante atmosphère, relève l'étranger anémié. Et un nouveau cercle astronomique terrestre commence, à chaque tour un peu plus rétréci, jusqu'à l'époque prodigieusement lointaine où les petits astres dévorés par le gros, se dissocieront avec lui en noire poudre cosmique de laquelle, tout de suite, renaîtra un autre étincelant monde stellaire dont les habitants reprendront sans doute notre rocher de Sisyphe....

Physionomie d'une foule japonaise. Fait à son climat, le public de plein air japonais, lui, ne paraît guère incommodé par le soleil d'été. Ce sont les jours où les promeneurs font fleuve dans les rues et lac sur les places, lors des fêtes populaires qui, la plupart, affectent un caractère plus ou moins religieux. C'est un fourmillement aussi animé, plus animé que celui, quasi antipodique, de la foule parisienne ou napolitaine. Mais quelle différence d'aspect entre les deux camps, grâce à la couleur qui égaie le tableau à Tokio où les costumes, masculins et féminins, offrent une égale variété. Et que les jeunes filles sont pimpantes et jolies !

Comment M. Brewarlay, à propos d'un de ses amis, un monsieur mûr qui a dépensé quelque argent en compagnie des Circés japonaises, pourra-t-il me dire : « J'admets encore qu'un homme « sérieux » se laisse entraîner par les Parisiennes de votre boulevard, tellement elles sont élégantes, séduisantes ! Mais par des Japonaises... fi ! » Quels yeux ont donc les étrangers pour voir ce pays ?

J'ai encore devant moi la mousmé de seize ou dix-sept ans, drapée dans une sorte de tunique rouge, — ce rouge de notre drapeau tricolore qui sied si bien aux Japonaises, — que j'ai vue exécuter l'autre jour, sur la plate-forme d'une estrade élevée, certaine danse mystique aux évolutions rythmées et aux gestes scandés, pleine de grâce originale.

Plus attirante encore la *gesya* que j'ai rencontrée hier, qui allait suivie de sa trottinante petite servante, porteuse du *syamisen* soigneusement enveloppé dans la *fukusa*, le fourreau de soie des instruments de prix.

Celle-ci rehausse la beauté par l'élégance, complète la grâce par la distinction. C'est l'actrice, ce qui est tout dire dans tous les pays. — Le riche bijou de contrebande à enfermer dans son écrin, un grand, grand coffre bien capitonné, agencé, percé de trous pour la respiration, à l'instar de la caisse qui servit au faux ambassadeur persan, Méhémet-Riga-Beyg, à emmener, à la barbe de Louis XIV, la charmante Madame d'Epinay! A l'arrivée en France, quel émerveillement dans la famille en levant le couvercle de cette boîte des Mille et une Nuits, et en voyant sortir ce vivant joujou japonais!

Il n'y a pas encore très longtemps, les gesya comprimaient leurs seins avec des bandelettes, — et c'était bien dommage, — dans le but de ressembler à un jeune garçon, à un joli samouraï. Pratique suivie dans une tout autre intention par les sœurs de divers de nos ordres religieux. Les gesya ont heureusement abandonné cette mode.

Elles s'en vont remorquant plus d'un cœur dans la foule; celui de maint fils de famille, voire d'un père de famille qui ferait sagement de méditer la fable du poète russe Pétrovitch Polonski, *Le Grillon musicien*: Amoureux d'un rossignol qui l'avait charmé par sa voix, un grillon arriva à découvrir et à joindre l'oiseau enchanteur, — qui le dévora...

Grande nature et grande civilisation, vraiment, celles qui enfantent sur une planète des physionomies esthétiquement sœurs, en même temps si différentes par le type et les atours. Et quelle perte artistique le jour où le progrès niveleur aura unifié les toilettes, les visages, les mœurs et les langues! Ce jour rêvé par Dupont et Durand où enfin :

.... le globe rasé, sans barbe ni cheveux,
Comme un grand potiron roulera dans les cieux.

Beauté des Japonaises. Une foule japonaise offre à la contemplation du promeneur un plus grand nombre de jolies jeunes personnes qu'une foule française. Ici les gentils minois sont une monnaie plus courante, forment presque majorité. La beauté devient banalité dans cette heureuse contrée. Mais pour être équitable, il convient d'ajouter que cet avantage est contre-balancé :

D'abord, les filles du Daï-Nippon s'arrangent pour plaire avec un ensemble d'éléments dont plusieurs perdent à être examinés de trop près, et disons qu'à cet égard elles se distinguent défavorablement de leurs voisines, les demoiselles chinoises. Puis les fleurs japonaises se fanent rapidement, et il ne faut pas chercher dans leur parterre nos magnifiques épanouissements d'arrière-saison. Enfin, comparées aux Aryennes, elles se ressemblent entre elles autant que des gens de robe ou d'épée en uniforme. Non seulement elles ne présentent pas cette agréable complexité de traits qui seront la couleur des cheveux et des yeux, la carnation, la ligne aquiline ou léonine du profil, etc.; mais, dans l'unique catégorie de brunes à laquelle elles appertiennent, il y a, à part même la commune empreinte mongole du visage, moins de variété que sous nos latitudes quant à la mine, la plastique, le port, la tournure. Ce sont un peu de jolies médailles toutes frappées avec le même coin.

Conférenciers japonais; M. Black, conférencier en japonais. — Cependant les grouillantes agglomérations autour du temple shintoïste ou bouddhique par les chaudes soirées éclairées à giorno à l'aide des myriades de lanternes de papier multicolores, se canalisent avec l'automne pour d'autres distractions.

Hier je suis allé au *Yose*, institution que mon petit dictionnaire japonais-français de l'école des langues orientales qualifie de « Café-Concert ». Or le café qu'on sert dans les yose pourrait tout au plus se rencontrer sous la forme d'une tasse de thé, mais il n'existe même pas à cet état. Quant au concert, il s'agit purement et simplement d'une conférence, d'une suite de conférences qui se déroulent sans l'accompagnement d'une note de musique.

J'ai à rectifier les définitions inexactes déposées dans ma mémoire par les lexiques avec lesquels j'ai eu affaire. C'est ainsi qu'au moment de mon emménagement, je voulais à toute force faire monter certaine caisse au « kura », c'est-à-dire au *grenier* ; — d'après mon vocabulaire. Or le kura le plus « contigu » est peut-être à un kilomètre de chez moi. Ce mot désigne en effet une construction particulière à ce pays d'incendies, le bâtiment à l'épreuve du feu où l'on met en sûreté, transporte les objets d'une certaine valeur. Je suis ramené ici à l'encyclopédie japonaise dont je parlais précédemment.

Les Japonais sont très friands du genre de récréation qu'ils goûtent au yose dans des conditions bien modérées : deux *sen* cinq *rin*, deux sous et demi, le soir où j'assistais à la séance. Avec le change, huit centimes environ. Encore s'agissait-il d'une représentation extraordinaire, et le prix des places avait été augmenté.

Economiquement, ces tarifs d'une consommation intellectuelle sont instructifs. Pour ce Japon qui se lance, leur progression, dans les quelques lustres qui suivront, sera une documentation. Aussi, pour compléter mon information, ajouterai-je que le yose où je pénètre à sept heures seulement, est, moyennant le prix susmentionné, ouvert à tout venant depuis quatre heures, et ne fermera qu'à dix heures.

La salle est assez spacieuse, mais fort basse. Néanmoins l'intervalle est suffisant entre le plafond et la tête des cinquante ou soixante assistants des deux sexes, sauf moi, tous Japonais, qui se tiennent accroupis sur les nattes. Dans le fond surélevé de la pièce, on a installé une chaise et une table. Ce dernier meuble, qui est comme l'autre de fabrication occidentale, supporte deux très mauvaises chandelles, produit de l'industrie nationale. Voilà tout l'éclairage. Il aurait été jugé brillant à Paris, il y a trois siècles, à l'époque où le soleil était qualifié de grand duc des chandelles.

Un individu d'une quarantaine d'années, grand, mince, le visage glabre et flétri, pareil à une figue sèche, mais les yeux pétillants d'esprit, habillé à la façon de tous ses compatriotes, entre par la coulisse, s'assied, et les coudes sur la table, entame son speech.

Il s'exprime avec une surprenante volubilité. Le débit de la langue, dans les conversations quotidiennes, est déjà rapide, mais quand on prononce un discours, il est convenu de parler si vite que j'aurais peine à saisir du français proféré avec cette précipitation. C'est dire que je n'entends absolument rien à ce que ce monsieur raconte.

D'après les explications que me fournit mon compagnon, le lettré de la légation, il s'agit d'une bluette, d'un récit humoristique, abondant en calembours, en situations comiques. En effet, l'auditoire est fréquemment secoué par un rire où les notes graves du sexe fort se mêlent aux éclats argentins des jeunes filles.

Je regrette de ne pouvoir analyser et commenter la narration du conférencier. Les données de cette nature sont la vie même. D'ailleurs c'est là une étude spéciale appelée à prendre place dans un chapitre ultérieur de ces mémoires.

L'applaudissement est inconnu des Japonais, du moins en pareille circonstance. Quand au bout d'une heure, l'orateur incline la tête en touchant presque la table avec son front, signe qu'il prend congé de son public, celui-ci, par un murmure prolongé, témoigne sa satisfaction, un peu à la manière des Francs émettant une rumeur d'approbation après la harangue d'un chef mérovingien.

Un autre conteur succède à celui-ci. Même élocution, sujet analogue, succès identique. Il salue, le troisième et dernier acteur va paraître. La réunion accuse un mouvement d'attention perceptible seulement pour un spectateur au courant des habitudes de ce peuple faiblement démonstratif.

Un serviteur discret, une *ombre* qui entre, évolue et sort sans le plus léger bruit, a mouché les lumignons et remplacé la quasi-obscurité par une quasi-lumière. Pour qui donc ces apprêts?

L'orateur s'installe et procède :

C'est le clou de la soirée, un Anglais d'une trentaine d'années, aux traits fins, la chevelure éplorée à la mode d'Albion. Il parle avec la déconcertante volubilité de ses prédécesseurs, émaille comme eux sa fantaisie de cocasseries qui provoquent une hilarité courte et brusque, comparable à un ressort qui se détend, très différente de notre rire en roulements, parachevé en ondes expirantes et en échos. Son accent, m'apprend mon compagnon, est celui d'un natif de Tokyo, sa diction, celle d'un lettré, et ses saillies sont pleines de malice et d'originalité.

Ce n'est déjà pas si commode d'amuser, dans la langue maternelle commune à l'Assemblée et au conférencier, un public payant, qui en veut pour son argent. Mais pour un étranger, en japonais, avec le génie si spécial de cet idiome, sa phrase toujours construite inversement de la nôtre, quelle gymnastique de la pensée, quelle souplesse cérébrale !

M. Black, c'est son nom, né ou venu très jeune dans ce pays, a d'ailleurs le japonais pour langue comaternelle. — Se doute-t-il que son étoile est en ce moment très favorable ? Dans un an ou deux, il se fera adopter par un riche marchand de Tokio.

Je suis curieux de savoir ce que peut lui rapporter son tour de force intellectuel : L'impresario de la ménagerie dont il est incontestablement le premier sujet, l'a engagé à raison de 2 yen par jour. C'est nominalement dix francs, mais sept seulement en papier. Moyennant quoi, il doit quotidiennement trois exercices semblables à celui-ci.

Mon départ pour Yokohama. — A côté des palais, des temples illustres et des grands théâtres, déjà visités, décrits par les voyageurs, que de petits coins dans cet immense Tokyo où on peut étudier la nation intime! Champ illimité en même tempsque scène à transformations perpétuelles où on recueillerait les éléments d'un livre bien intéressant

Mais pour l'instant ce n'est pas moi qui l'écrirai. M. de Balloy m'annonce que je suis détaché au consulat de Yokohama où j'ai à me rendre incontinent. Je me dispose donc à quitter la capitale, regrettant peu le chargé d'affaires, mais beaucoup la cité riche en sujets d'observation enveloppés d'un nuage qui commençait à se dissiper à mes yeux.

DEUXIÈME PARTIE

YOKOHAMA

I

L'HIVER AU JAPON; L'INCENDIE

Un incendie sur la concession étrangère. — Les pompiers japonais. — Yokohama, le 6 janvier 1881.

Enfin, nous avons eu notre première flambée hivernale ! — il y a trois semaines en ce moment.

Bien entendu, je dis « première » dans le sens de notable, valant la peine d'être vu. Je ne parle pas des petits sinistres portant sur une habitation ou *une couple* (1) d'habitations, qui ont précédé celui-ci.

Trente-cinq ou quarante maisons seulement ont brûlé, mais comme c'était sur la concession et qu'il s'agissait d'édifices étrangers tels que le Café

(1) Quand donc nous libérera-t-on des chinoiseries syntaxiques si contraires à la consonance de la langue ? Pourquoi n'est-il pas permis de dire un couple d'habitations, comme on dit un couple d'amis ? C'est probablement pour la même raison qui impose d'écrire consonne avec deux n et consonance avec un seul, en introduisant forcément une faute dans l'orthographe d'un de ces deux mots !

de l'Univers, un important établissement français, et non pas des petits chalets indigènes, le désastre équipollait à un incendie japonais déjà présentable. Au total, un spectacle que nous n'avons pas, que nous n'avons plus l'occasion d'admirer en France.

A trois heures du matin, le tocsin commença de lancer son triste, monotone appel. Mais je tins bon dans mon lit, car Mahomet ne se serait pas dérangé s'il avait su que la montagne viendrait à lui. Or, cette sonnerie se faisant entendre tantôt sur un point, tantôt sur l'autre, deux ou trois fois par semaine, j'ai déjà dit que j'avais tout loisir d'attendre la visite du cataclysme. Cette fois, sur les cinq heures, Tama-san vint m'aviser que le feu gagnait et que les voisins étaient en train de déménager.

Tama-san est l'unique serviteur que j'aie conservé de ma « maison » de Tokyo, et il était écrit que jusqu'au dernier jour de ma résidence au Japon, je garderais cette fille active et dévouée dont j'ai si bien devant moi, à l'instant où j'écris ces lignes, le visage aux traits sans beauté, aux yeux intelligents et bons.

J'ai dû congédier sa mère et sa sœur en m'installant à Yokohama où mes habitudes ont forcément subi de grandes modifications. En attendant que je loge au consulat, après le départ de mon collègue, M. Mellottée, qui rentrera en France cet été, j'ai loué une très commode maisonnette de bois à trois pièces, agrémentée d'un bout de jardin. Je souhaiterais bien y rester, mais ce ne me sera pas permis...

Trois déménagements valent un incendie, a dit Franklin. Pénétré de la justesse de cette parole qui est deux fois plus vraie au Japon qu'ailleurs, je sortis pour « aller voir », en recommandant de laisser les choses en place...

La température ne devait pas être éloignée du zéro. Un vent « coupe-figure » soufflait du foyer de la conflagration dans la direction de mon pauvre logis. L'incendie était en pleine activité, déjà les flammes dévoraient une vingtaine de constructions.

Une multitude de braves curieux (j'en étais) emplissaient les rues assez larges et jouaient consciencieusement leurs rôles d'inutilités passives et actives : les spectateurs en arrêtant, les promeneurs en refoulant la légitime circulation. Celle-ci, intense, précipitée, effarée, s'effectuait le long d'un sentier médian, à peu près libre entre la double haie des assistants, où défilaient au galop :

Des boys japonais sauvant des meubles européens. Des Chinoises à la marche clopinante — une partie du quartier jaune brûlait — embrassant de chancelantes piles de porcelaine, semant une pièce à chaque pas, et arrivant seulement avec la dernière, en sorte qu'on marchait sur un craquant lit de tessons. De lourdes pompes, grosses comme des locomotives, passant avec la vitesse et le fracas d'un train d'artillerie poursuivi par des hussards.

Les vociférations barbares que, soi-disant pour écarter la foule, poussaient les déménageurs, les pompiers et les policemen, augmentaient la confusion, et il n'était pas malaisé de prévoir que, grâce au manque d'entente, le désastre serait aussi complet que possible.

En dépit de la saison, autour des habitations embrasées et dans un rayon étendu, on ressentait cette température confortable, égale, sagement calculée moyennant le tour de clé du poêle universitaire, que goûtent dans une béate somnolence certains habitués de nos salles de cours françaises.

Séparé du pâté de maisons incandescentes par un vide d'au moins vingt mètres, sans qu'une étincelle l'effleurât, car le vent ne portait pas de son côté, le Café de l'Univers s'enflamma soudain, comme par sympathie. Je vis courir sous le rebord du toit, le long de la boiserie, une légère flammèche, semblable à celles qui dessinent les inscriptions pirotechniques dans nos fêtes populaires. Dix minutes après, l'édifice n'était plus qu'un charbon ardent dont les pincettes du diable auraient eu peine à remuer l'énorme cube de seize à dix-huit mètres de côté.

Une lueur tranquille éclairait à la ronde les faces des bâtiments dont les autres pans restaient plongés dans la nuit, ce qui leur communiquait une physionomie particulièrement morte, sépulcrale, ainsi qu'on raconte des ruines romaines vues au clair de lune. — Dans la zone concentrique au milieu d'agitation, j'aperçois une dame de belle prestance, à magnifique chevelure rousse, frileusement enveloppée de fourrures, renversée dans la capote abaissée de son jinrikisya qui lui sert de belvéder. C'est une « Américaine », au double sens du terme, qui signifie ici demi-mondaine, et désigne le bataillon, en constante décroissance, des professionnelles de San-Francisco, de plus en plus atteintes par la baisse des fonds... publics, jointe à la concurrence japonaise. — Un face-à-main au bout de ses doigts gantés, l'impassible et superbe spectatrice contemple l'embrasement avec le sang-froid de l'empereur Néron regardant brûler sa ville.

Une saute de vent sauve décidément mon quartier. A présent, le feu ronge le centre de la concession. Je fais le tour du cercle d'ignition pour admirer les effets de flammes. A la distance d'une soixantaine de mètres, qu'il paraît impossible de franchir tellement la chaleur est piquante et la fumée suffocante, cinq pompiers japonais sont alignés sur l'arête d'un toit troué par la combustion, un pont suspendu réduit à une poutre carbonisée, scintillante des points rouges qui l'échancrent lentement. Ils portent le costume commun à beaucoup de leurs compatriotes de la classe ouvrière : pourpoint noir moulant le buste et les bras, pantalon de même couleur, collant comme un maillot de danseuse. Ce qu'on voit dans Robert le Diable et autres opéras. Car, sur ce fond rose, le groupe se détache avec une grande netteté de silhouettes, et ce lointain très reculé a l'air d'un effet d'optique bien réussi, fait songer au dernier tableau d'un acte sensationnel : écroulement final et chute du rideau. L'effondrement pourtant n'aura pas lieu, et les cinq téméraires pompiers, que j'avais jugés condamnés, sont destinés à courir de nouvelles aventures au prochain incendie.

« Leur *Bon Dieu*, regardez donc leur Bon Dieu ! » s'écrie en français une voix à mes oreilles. Mon interlocuteur et compatriote se fait du bon sang en me signalant une espèce de balai dont les brins sont des bandelettes de papier, qui est fiché en tête de la file des hommes-salamandres. Mais cet emblème héroïque n'a rien à démêler avec la chose religieuse, car ce sentiment, si vif en son temps, a depuis plus d'un siècle cessé d'être un moteur au Japon, le pays le plus sceptique et le moins superstitieux de la terre. C'est tout simplement le *matoi*, c'est-à-dire le drapeau qui assigne aux sauveteurs le champ de leur travail, l'enseigne qu'on avance le plus possible et qu'on recule seulement quand l'extrémité de ses franges roussit ou commence à prendre feu. Parmi la brigade envoyée au secours du quartier étranger, deux indigènes trouveront la mort.

D'autres auront fait preuve de dévouement. Ainsi que l'annonçaient le lendemain les journaux anglais et français, deux matelots allemands ont péri. Il est instructif de voir les feuilles de la colonie passer sous silence la vaillance des deux Japonais qui se sont sacrifiés pour des gens qui, après tout, n'étaient pas de leur famille. Non pas que cette omission ait été calculée. C'était un détail sans intérêt pour le lecteur, une idée qui n'était pas venue au rédacteur. Ce petit fait éclaire l'immense différence établie en pratique entre les valeurs respectives de deux vies humaines, une blanche et une jaune, dans un pays tel que ce Japon conquis ou du moins dominé. Le prestige! Quel facteur moral... et matériel aussi, escorté de tous les bénéfices, même celui de se faire priser sous forme de belles espèces sonnantes et trébuchantes...

Favorisés par le désordre général, messieurs les voleurs ne perdent pas un instant d'un temps si précieux : le Café de l'Univers, pensant enfin à déménager, s'aperçoit qu'on lui a épargné cette besogne. Ailleurs même audace couronnée du même succès.

A sept heures du matin, on est virtuellement

maître du fléau. Groupes sur le pas des portes et cancans assortis. Les Anglais ont accaparé les pompes et par une stratégie toute britannique, sauvé la chapelle protestante au détriment du reste du quartier. — Un tel, assuré pour une somme importante et dont le portefeuille était fâcheusement plat depuis quelque temps, a eu la chance de voir flamber sa boutique : « Liquidation par le feu », dit-on en anglais à propos de ces heureuses et suspectes coïncidences.

A midi il est possible de se rendre exactement compte de l'étendue du désastre. La partie ravagée de la concession présente l'aspect d'un champ où il pousserait des tuiles; le sinistre a si violemment sévi que presque rien n'est resté debout. Çà et là les flammes poursuivent encore énergiquement leur œuvre, et les « éteigneurs de feu » (c'est la traduction littérale du mot *hikesi*, pompier) font fonctionner leurs machines. Les maisons environnantes ont l'air de regarder curieusement cette plaine encombrée et fumante. Elles-mêmes ont subi l'action de la chaleur qui leur a communiqué cette délicate teinte fauve qu'au bout de deux ou trois jours, un fumeur expert fait revêtir à sa pipe neuve.

On commence à pouvoir circuler dans ce qui fut les rues du quartier détruit. Des poutres fument, les unes à peine entamées, les autres si bien calcinées qu'il n'en reste plus qu'un long et mince charbon craquelé, courbé comme un arc, et qu'on casserait en le touchant avec le bout de la canne.

Certaines ruines sont imposantes. Quelques-unes affectent la forme d'obélisques dominant de très haut les débris, ce qui tient évidemment à la stucture des maisons de pierre dans ce pays. Sur une de ces aiguilles, le long du rebord qui marque un étage écroulé, j'aperçois un délicieux petit fourneau, fraîchement fourbi et absolument intact. Il a peut-être chauffé la chambre d'un ménage modeste, discrètement heureux.

Ici un monticule de pièces métalliques contournées et d'espèces d'intestins de cuivre encrassés par la cuisson, sur lequel luisent des cadrans à l'émail écaillé : *Hic jacet* le fond d'un marchand de pendules. Plus loin, sous l'œil d'un policeman, à l'intérieur d'un carré dessiné par une cordelette qui trace l'emplacement de sa demeure volatilisée, un Chinois, armé de baguettes qu'il manœuvre comme au restaurant, pêche des sous et des piastres dans les interstices des moellons.

Voici le cadavre du premier des deux pompiers japonais, étendu sur un lit de décombres, sans blessures apparentes, et paraissant dormir, selon l'expression consacrée. L'autre est près de là, m'a-t-on dit, mais je ne le découvre pas.....

Telle est à vol d'oiseau la physionomie d'un incendie à Yokohama. Sur la concession, je le répète, et non dans la cité japonaise.

L'incendie fait si bien partie de la vie courante qu'en dehors de lui-même, on le retrouve à chaque pas :

Récemment, désirant faire l'emplette d'une commode, j'allai fureter dans les magasins de la brocante indigène. Il y avait des meubles étrangers et des meubles japonais. Plusieurs de ceux-ci étaient composés de grandes boites plates, de même dimension, formant à l'œil une seule pièce, en réalité empilées et respectivement indépendantes. Interrogé sur le pourquoi de cette disposition, le marchand me répondit : C'est pour déménager plus facilement en cas d'incendie.

Dernièrement un Japonais de Tokyo me disait : Nous aurons probablement un grand feu cette nuit. Un nouveau débarqué aurait pu le croire associé à une bande de ravageurs; je me contentai de le prier de compléter sa pensée : Parce qu'il fait beaucoup de vent et qu'avec le ciel clair, il ne pleuvra pas.

Effectivement, l'hiver est en général humide. Dans la ville de papier et de bouts d'allumettes, l'incendie, qui se déclare presque toujours une fois par nuit, s'éteint alors assez aisément. Un air sec qui court avec vitesse favorise une catastrophe. — Du reste l'événement ne confirma pas la prédiction de mon interlocuteur.

Il n'y a pas longtemps, — cette tradition va se perdant, — lorsque le travail n'allait pas, les charpenticrs mettaient le feu à leur quartier. Car, ici, ce sont eux qui construisent les maisons, les maçons n'existant pas et n'ayant pas raison d'exister. Notre dicton « Quand le bâtiment va tout va » impliquait donc des corrélations plus graves que dans notre civilisation.

Pourquoi la, en somme judicieuse, si autoritaire autorité locale, dont l'exercice, chez elle, ne connaît pas d'opposition, n'a-t-elle pas prescrit des mesures *stratégiques* destinées à atténuer les effets d'un tel fléau?

Vraiment, pour ces agglomérations *en surface* d'habitations d'un étage, j'imagine qu'il n'aurait pas été impossible, à l'aide de fossés, de canaux, de murs, de jardins, de diviser Tokyo en une douzaine de cases d'échiquier, de manière qu'un douzième seulement de la capitale, au pis aller deux douzièmes, pussent être détruits. Et ç'aurait été déjà une fameuse amélioration.

Paysage d'hiver. — Yokohama, mars 1881.

Le Fouji-yama, ex-volcan que l'on distingue fort nettement de Yokohama, est le point culminant de l'archipel, avec 3800 mètres. Les insulaires en sont glorieux et l'ont baptisé *Fuji-yama*, « la montagne pas deux » (sans pareille). C'est le pic national, le mont sacré, et s'il était un peu plus « meuble », les Yankees, si amateurs de curiosités historiques et naturelles, n'auraient pas manqué d'en proposer l'acquisition aux propriétaires. Du moins c'est une idée de ce genre qui visita le grand humoriste Marc Twain, le jour où il écrivit son amusante bluette, *le Collectionneur d'échos* (1).

Chaque année, en été, cinquante mille excursionnistes en moyenne, hommes, femmes et enfants, en font l'ascension. Du sommet, par une atmosphère limpide, on découvre une vingtaine de provinces, un panorama merveilleux. Du reste le Fouji-yama a fini par être quelque peu connu du Français réfractaire à la géographie, à force d'avoir été célébré par les voyageurs et propagé en images sur les porcelaines et les éventails que nous expédie le Soleil Levant.

En hiver, si malgré la neige qui coiffe la tête du volcan en disponibilité, un audacieux en effectuait l'escalade et s'y installait temporairement, le tableau suivant s'offrirait bientôt à ses yeux : Parmi les villes éparses dans la plaine, il verrait une flamme s'allumer ici, courir, s'étendre, faire rage, décroître et s'éteindre ; puis reprendre là, combattue avec plus ou moins de succès par les intéressés, mais en quelque sorte jamais ininterrompue. Alors, pour peindre un tel spectacle, il n'aurait que ces mots : Le Japon brûle !

(1) Esquisses humoristiques. *Une histoire de commis voyageur.*

Une légende japonaise : Histoire de l'empereur Nin-toku (1). Cette scène (2) aurait excité la commisération de l'empereur Nin-toku, le dix-septième mikado, qui régnait de 313-399 de notre ère, dont l'histoire nationale rapporte un trait digne d'être médité par certains de nos gouvernements européens actuels :

« La quatrième année de son règne, l'empereur Nin-toku monta sur une construction élevée, et regardant au loin dans la campagne, vit la maigre fumée qui s'échappait de la cuisine des chaumières. Il comprit que le peuple était pauvre, et, sauf la taxe annuelle, le dispensa de tous les impôts. Bien que son costume mikadonal fût délabré, il ne le fit ni renouveler ni réparer. Bien que son palais impérial s'en allât en ruines, que la pluie et le vent y pénétrassent, il n'y fit aucune réfection. Enfin il diminua le nombre des plats de sa table (3). Puis ayant laissé s'écouler trois années, il monta de nouveau sur une construction élevée et regarda devant lui. Une fumée très abondante, s'échappant de la cuisine des chaumières, s'élevait dans le ciel. Elle lui révéla la prospérité de la campagne, et

(1) Que je traduis littéralement du *Nippon wò dai iti-ran*, ouvrage précité.

(2) En lisant cette page, on pressent que les habitations d'alors devaient être différentes de celles actuelles. Pour cette seule raison déjà, les incendies dans le genre de ceux dont il vient d'être question pouvaient être fort rares ou même inconnus.

(3) Durant la guerre russo-japonaise, l'empereur régnant s'associa aux souffrances de l'armée de Mandchourie en s'abstenant de thé, lui et sa cour.

il s'en réjouit grandement. En effet, les *cinq céréales* (1) abondaient, aussi tous les paysans réclamaient-ils la réparation du palais impérial (2), mais ce sentiment ne fut pas celui du monarque. De nouveau il laissa s'écouler trois années, puis, pour la première fois, consentit à la reconstruction de son palais. Alors, les paysans, les vieux et les jeunes, tous épuisant leurs forces, en un rien de temps accomplirent ce travail. Voilà pourquoi la tradition rapporte que cet empereur fut honoré comme un saint. »

« *Jeux de signes* » *: Calembours idéographiques.* — Les caractères figuratifs ont cet avantage de permettre des calembours *graphiques* interdits à nos systèmes alphabétiques :

Un missionnaire de notre colonie indo-chinoise me racontait une fois qu'un de ses collègues, en querelle sérieuse avec un mandarin annamite, lui rappelant arrogamment que son titre comportait le 太, signe chinois qui veut dire *grand*, répondit : « Oui, mais avec le point en haut et non en bas... » Or l'hiéroglyphe ainsi modifié : 犬 veut dire *chien*.

(1) Les « cinq céréales », c'est-à-dire le riz, le blé, les fèves et deux espèces de millet.

(2) *Dai-ri*, à cause de la particule dai « dans », signifie plus spécialement l'intérieur du palais, la pièce où mange et dort l'empereur. C'est un des faibles avantages des caractères chinois, si défectueux pour le reste, d'exprimer avec plus de facilité que nos langues quelques nuances de ce genre.

Dans son voyage en Chine, le Père Huc inscrit une anecdote qui fait le pendant de celle-ci, tout en me ramenant à mon sujet :

« Notre commensal, le juge de paix, nous dit que la capitale du Sse-tchouen était une ville toute moderne, l'ancienne ayant été complètement réduite en cendres par un effroyable incendie... Quelques mois avant la destruction de l'ancienne ville, on vit apparaître un bonze qui parcourait les rues en agitant une clochette et s'arrêtant de temps en temps pour crier au peuple : *I-ko-jen, leang-ko-yen-tsin*, c'est-à-dire : Un homme et deux yeux. D'abord, on ne fit pas grande attention à cette bizarrerie, un homme et deux yeux, cela paraissait assez naturel ; une vérité de ce genre ne méritait certainement pas d'être proclamée si solennellement... Cela dura à peu près pendant deux mois, et personne ne fit plus attention à ce bonze. Un jour, on s'aperçut qu'il n'avait pas paru, et, vers midi, le feu se déclara tout à coup sur plusieurs points de la ville à la fois... Avant la fin de la journée, la ville tout entière n'était qu'un amas de cendres et de ruines fumantes. Tout le monde se souvint alors des paroles du bonze, qui étaient, en réalité, une prédiction énigmatique de cette effroyable catastrophe. Il serait impossible de comprendre cette espèce de rébus sans avoir une idée de la configuration de deux caractères chinois qui en donnent la clé. Le caractère suivant, 人, signifie homme. En y ajoutant deux points ou deux yeux, on obtient un autre caractère, 火, qui veut dire feu (1). »

Yedo no hana « Fleurs de Yédo ». — Cette année, c'est surtout Tokyo qui paie les frais de l'inéluctable représentation hivernale. Yokohama, jusqu'à présent, a été à peu près épargné, car on considère comme bien tolérable le total d'à peine un millier d'habitations consumées.

Ici, la plus grande conflagration a porté sur cinq cents maisons. Il y a eu aussi un deuxième embrasement de la concession, mais moins important à cause de la pluie qui accompagnait un vent violent, point du tout intimidé par la Sagesse des

(1) Je ne peux m'empecher de noter la curieuse analogie entre ce récit et l'épisode raconté par Flavius Josèphe dans son *Histoire de la Guerre des Juifs*, à propos du siège de Jérusalem par Titus, qui amena la fin de la nation juive et la dispersion de ses restes par l'univers. Une des plus formidables exterminations que le monde ait vues.

Ces rapports sont intéressants envisagés dans le sens où ils sont présentés plus loin, à l'occasion de la légende d'*Ura-sima taró* et du conte de Washington Irving.

D'après le récit de Josèphe, un nommé Jésus, personnage aussi mystérieux que celui du père Huc dont, malgré leurs perquisitions, les magistrats chinois ne purent découvrir l'origine, car : « personne ne l'avait jamais connu; on ne le voyait ni boire ni manger », parcourut sept ans et cinq mois les rues de Jérusalem en criant : « Voix contre les nouveaux mariés et les nouvelles mariées, voix contre tout le peuple ! »

« Quand Jérusalem fut assiégé, on vit l'effet de ses prédictions ; et faisant alors le tour des murailles de la ville, il se mit encore à crier « Malheur, malheur sur la ville ; malheur sur le peuple ; malheur sur le Temple ; à quoi ayant ajouté et malheur sur moi, une pierre poussée par une machine le porta par terre, et il rendit l'esprit en proférant ces mêmes mots. »

nations qui veut que petite pluie abatte grand vent. Seulement, j'ai failli y passer. Ce fut encore une nuit dans le genre de celle du typhon :

Il était deux heures du matin quand le feu se déclara dans la rue voisine avec une énergie que je ne lui avais pas encore vue. La partie de la concession que j'habite est tellement exposée que les compagnies refusent d'assurer soit les constructions, soit le mobilier. A peu près le cas d'un malade dont les médecins ne veulent pas se charger. Je voyais des murs s'émietter pierre par pierre sous l'action de la chaleur, de temps en temps un toit s'effondrer, ou bien la frêle paroi d'un de ces bâtiments moitié planches, moitié plâtre, s'écrouler avec un bruit singulier, comparable à un coup de tam-tam, pendant que des charbons enflammés, aussi gros que le poing, pleuvaient dans mon jardin et sur mon domicile. On eût dit une petite éruption volcanique.

M. Mellottée et deux domestiques du consulat étaient venus m'aider à déménager. Ce sont services qu'on se rend mutuellement en pareille occurrence. A quelque chose malheur est bon, et l'adversité est moins accablante quand les « roseaux pensants » se conduisent à la façon des blés qui résistent en bloc à l'effort de la tempête. Au Japon, l'incendie est une bienfaisante culture de sentiments de fraternité :

Le lendemain de l'accident, quand la famille

sinistrée se trouve dépourvue des objets les plus indispensables à la vie de ménage, les amis des quartiers épargnés se cotisent pour offrir qui un abri provisoire (la maisonnette va être réédifiée en un tour de main), qui une couverture, qui tels ustensiles de cuisine, etc. Un mobilier sommaire est de la sorte reconstitué sur-le-champ, à charge de revanche. Notons qu'il ne s'agit pas d'un mouvement spontané de charité, mais d'une excellente vieille coutume à laquelle on ne peut se soustraire, d'une *politesse* aussi obligatoire que celle réglant les relations courantes, et qui comporte les mêmes garanties d'échange.

Pour en finir avec l'événement qui m'a permis de mentionner un trait de mœurs intéressant, j'ajouterai que cette fois, comme la précédente, je n'eus qu'à me louer d'avoir imité ce commandant de place assiégée qui attendait pour se rendre que le feu prît à son mouchoir. Mes paquets étaient prêts, mais je n'eus pas besoin de les faire voyager, et mon mobilier ne fut ni semé par les rues, ni pillé par les malandrins.

A part ces alertes, la privilégiée Yokohama contemple de temps à autre, entre dix heures et minuit, le ciel qui rougit du côté de la capitale, à la manière de certains couchers de soleil couleur de sang : « C'est Tokyo qui brûle », dit-on avec flegme. Le lendemain matin on va se renseigner au bureau du télégraphe, et on rentre en disant :

« Ce n'était rien. Il n'y a que douze cents maisons... »

Cela a débuté très modestement, en décembre, par quelques feux de Bengale. Par exemple, lors de l'incendie du Nihon-basi, une trentaine d'habitations furent réduites en cendres.

Le 16 janvier a éclaté un premier, sérieux incendie de dix-sept cents maisons. De Yokohama, à trente kilomètres de distance, on apercevait en plein midi l'aurore boréale des flammes. C'est ce que les habitants, fiers de leur ville qui excelle en tout, appellent poétiquement *Yedo no hana,* fleurs de Yédo (1). Le dimanche suivant, allant à Tokyo, je passai en chemin de fer devant un quartier qui achevait de se consumer.

Ce n'était pas un feu très brillant pour la capitale. Et cependant, dix-sept cents maisons! Je sais bien qu'elles n'ont pas la même importance que chez nous; que chacune, à l'instar des nôtres, il y a un siècle ou deux, n'abrite généralement qu'une famille. C'est égal, quelles différences entre les diverses civilisations de notre planète, et que de choses on voit en voyageant !

Ce n'était donc qu'un prélude. Le 25 janvier

(1) On sait que Tokyo est un nom tout récent, en concordance avec les nouvelles divisions administratives, les *ken* qui ont remplacé les provinces sans les faire oublier, exactement comme chez nous. — Par la même occasion, le Kioto ou Miaco de mes géographies de collège est devenu *Sai-Kyô*, la « capitale de l'ouest ». *Tô-Kyô* signifie capitale de l'est.

survint l'incendie le plus considérable de la saison — le plus considérable au moment où j'écris. Cette catastrophe a anéanti *quinze mille deux cent vingt et une* maisons ! Poursuivis par les flammes, les habitants se jetaient sur des radeaux formés en hâte à l'aide de tatami (nattes), et sombraient en essayant de traverser les canaux, tandis que d'autres groupes, cernés par le feu, étaient grillés sous les yeux du mikado qui, d'une terrasse de son palais, devait assister inerte et morne à la terrible scène. L'empereur étant bien placé vit peut-être aussi une sanglante bataille entre deux corps de pompiers animés de cet esprit qui, jadis, poussait chez nous les paysans de deux hameaux voisins à échanger des coups de couteau à la fin d'une foire de village, ou les fier-à-bras de deux régiments rivaux à se mesurer au sabre, amenait Augereau, alors sergent dans les carabiniers, à passer son épée au travers du corps du meilleur tireur des gendarmes de Lunéville.

Le dimanche d'après, à l'exemple d'un grand nombre, je prenais le chemin de fer à la gare de Yokohama.

A Tokyo, je monte en jinrikisya pour parcourir le théâtre de la dévastation. Ce n'est pas une courte promenade. Sur des kilomètres, il ne reste que les *kura*, les magasins aux épais murs de pierre dont il a été antérieurement question. Ces constructions, très nombreuses, rappellent une place bombardée plutôt qu'incendiée ; toutes cuites qu'elles sont, elles se dressent intactes sur un sol recouvert d'une mince couche rougeâtre, pulvérulente, parsemée de fragments de tuiles. Une maison japonaise n'engendre pas de ruines, et du premier coup réalise la sobre et expressive description latine : *Etiam periere ruinæ*, les ruines mêmes en ont péri.

On discerne vaguement un tracé des rues qui permettrait de rétablir à peu près le plan de ce coin de la cité. Et comme ici tout événement est répandu de suite sous la forme d'un document, des crieurs vendent pour un sou la carte agréablement coloriée des quartiers disparus. Quelques curieux et une quarantaine de coolies qui font de la besogne comme quatre de nos manœuvres en déblayant le terrain à l'aide de petits paniers accouplés, dansant des deux côtés de l'épaule aux extrémités d'un bambou plus flexible qu'une lame de fleuret. Voilà tout ce qu'on découvre sur ce territoire ravagé.

Car la brouette est inconnue. Antipathique plutôt, dirait-on. En effet, l'outil dont nous faisons honneur à Pascal, bien qu'il ne l'ait nullement inventé, même chez nous, est en usage en Chine de temps immémorial; tous nos écoliers savent ce que c'est que la brouette à voile. Les ingénieurs étrangers, au service du gouvernement local, se sont bien efforcés de propager la brouette, elle ne prend pas. Ainsi, il ne suffit pas d'offrir aux gens un instrument dont l'avantage saute aux yeux. Et pourtant les Japonais sont le peuple progressiste par excellence.

Pour en revenir et en finir avec les incendies, je dirai que cet autodafé de maisonnettes a été promptement suivi d'un autre guère moins imposant : sept mille quatre cent quarante-six maisons. J'adresse à ma famille le *Courrier du Japon* du 12 février, relatant ce désastre, et un autre numéro où il est parlé de l'incendie du 16 janvier.

L'incendie envisagé comme composant du caractère national. — Ce terrible facteur de l'incendie, qui intervient quotidiennement dans la vie de la population, a forcément influencé son tempérament. Et c'est un de ceux qui, dans ce façonnement du caractère, lui ont imprimé le trait particulier dont cette brillante, joyeuse civilisation, est profondément marquée, l'*incertitude*.

De par lui seul, en dehors des autres vicissitudes, nul n'est assuré du lendemain : un monticule de cendres, voilà tout ce qui subsiste, au matin, du propret logis bourgeois aux fines nattes luisantes, aux kakemono signés par les artistes de renom, aux armoires laquées pleines de ces robes charmantes qui siéent si bien à la fille de la maison; car la famille s'est échappée en costume de nuit. Et jusque dans le hameau que sa situation de village perdu au milieu de la montagne ne préserve pas du fléau, Philémon et Baucis vont devenir un couple de mendiants. — Un vent sec soufflait, pour employer le mot de mon Japonais, et tout a été dit.

Pas de compagnies d'assurances pour garantir le gîte, point de placements pour l'argent économisé, de caisses d'épargne, de banques, de sociétés, d'actions ni d'obligations; — il n'y a que l'obligation de payer l'impôt. Ces institutions commencent à peine, sont choses de l'avenir. L'écuelle faisant tire-lire ou le bas de laine — ici bas de coton — gonflé de gros sous, ne sont pas non plus, ne sont pas encore dans les habitudes.

Pour qui mettrait-on de côté, à quoi serait consacré le pécule réalisé? Un beau soir, les brigands entreront au nombre de cinq ou six, armés de sabres qui ont le fil, et feront quatre quartiers du propriétaire s'il souffle mot. Ou bien, le fisc, non moins redoutable, allongera sa patte qui semble douée de la faculté d'odorer les écus cachés. Bâtir? Ici, une maison âgée de quinze ans est déjà un exemple de longévité architecturale : l'incendie n'en a pas fait un feu de paille; le typhon, plus dévastateur qu'une bande de pirates, ne l'a pas visitée; le tremblement de terre, d'un choc vertical, ne l'a pas aplatie sous son toit comme un escargot sous une tuile. Dans ce pays de formation plutonienne, on vit, au propre et au figuré, sur un volcan.

Trait bien chinois d'héroïsme pécuniaire : l'option entre la bourse et les bourses. — Dans l'archipel émeraude où le Fouji-yama promène circulairement son ombre sur le cadran solaire le plus artistement émaillé de la nature, ces causes, agissant des siècles, ont engendré la gaie, gracieuse et généreuse insouciance des Japonais si différents, ainsi qu'il arrive fréquemment entre nations voisines, des Chinois, le plus âpre des peuples à la curée, capables, à propos de sapèques, d'héroïsme, du grand héroïsme à la Régulus, celui dont nous avons l'habitude universitaire de chercher les exemples non chez nous, mais dans l'antiquité grecque ou romaine.

Depuis que j'habite Yokohama, je vois presque quotidiennement passer dans la rue, entraîné d'une allure si rapide par son jinrikisya à deux servants qu'on est tenté de le comparer à un crapaud volant, un Chinois d'un énorme embonpoint, à tête plus volumineuse qu'une citrouille, monstrueusement défiguré par les profondes balafres qui sillonnent son visage. C'est le plus riche ou un des plus riches *compradores* de cette ville, et voici l'aventure de ce martyr d'une auréole peu banale :

Il y a une dizaine d'années, à Hong-kong, il avait longuement, sou par sou, amassé ses douze cents premières piastres, la base de l'édifice de sa fortune, car il avait confiance dans son intelligence et son activité. Une nuit, les voleurs qui avaient eu vent du trésor à cueillir, se présentèrent et mirent le propriétaire à la torture, car le magot était bien caché. D'où les effroyables cicatrices, sans compter certaine intime mutilation. La résistance triompha du mouvement, et voyant qu'ils n'en retireraient rien, qu'il préférait la bourse à la vie, les bandits s'en allèrent sans l'achever.

Voilà un trait capable de dilater chez nous nombre de cœurs économes, qui divertira les Japonais. Non pas qu'ils manquent de courage, mais ils le réserveront pour d'autres circonstances, de patriotisme, d'honneur ou de vanité. Seulement, presque tous sont prodigues : - trop. Travailleurs, incontestablement, mais dépensiers même et surtout dans le camp prolétaire, ouvriers, paysans.

Comment les Japonais aiment s'amuser. — Ils ont bien adopté notre calendrier et plusieurs des coutumes qui en dépendent. Ainsi, leur premier de l'an, date de haute réjouissance, est le même que le nôtre et non plus celui des Chinois. Mais le repos hebdomadaire de notre « jour du Seigneur », du « jour du soleil » allemand et anglais, n'est pas observé en dehors des administrations de l'Etat. Il est suppléé par nombre de fêtes nationales, locales ou de rencontre, de manière que la population n'y perd rien. L'étranger qui, sans franchir la « limite des traités », va se promener dans la si vivante campagne avoisinant « Yoko », traversera presque toujours au moins une bourgade à l'entrée de laquelle le son du tambourin l'avertit que c'est aujourd'hui dimanche pour les habitants.

Autour du foyer de la récréation, c'est-à-dire de l'estrade, sorte de théâtre en plein vent, invariablement adossé aux vastes toiles tendues que décorent les gigantesques caractères chinois découpés en blanc sur fond bleu, se presse la jeunesse rurale. Les filles sont aussi glorieusement attifées que les demoiselles de la ville, et beaucoup ne sont pas moins jolies. Sans compter qu'elles savent gratter le *syamisen* aussi dextrement qu'à Paris nos mousmé de concierges touchent du piano. Elles sont le plus dispendieux élément du luxe du paysan à l'esprit symbolisé, quoiqu'il ne s'en doute guère, par la cigale de La Fontaine, l'insecte national dont la stridente musique fait vibrer, à l'instar d'une table de Stradivarius, le bois frêle des chaumières japonaises.

Bien entendu, il en va de même ou pis dans la classe ouvrière. — Les employés du gouvernement, qui reçoivent une paie fixe et modique, se conduisent avec la même insouciance du lendemain. Pendant la première décade du mois, on se réunit entre amis dans l'arrière-salon d'une djôrôya où la soirée est remplie par une orgie gaie et sans fièvre. Les danses et les chants des gésya accompagnés d'un orchestre cacophonique pour des oreilles européennes, alternent avec des collations où l'on arrose les fins poissons de saké de première qualité. A la fin et après d'autres ébats, l'astre du jour chassant la dernière nuit de débauche, on rentre sans remords et presque sans fatigue dans la vie réelle. Après quoi, la famine arrive, inéluctable comme la morale d'un conte de Berquin.

Leurs femmes se comportent avec la légèreté d'une jolie fille du peuple sans soucis. Quand elles ont, grâce à la munificence de monsieur leur époux, deux yen en poche, elles iront au théâtre frémir délicieusement aux péripéties du *Tsiu-singura*, le grand drame classique japonais, ou cascader en rires argentins à l'audition des très grivoises gaudrioles du vaudeville. Un jour ou deux après, nous serons réduites au pain sec, c'est-à-dire au bol de riz, mais on franchit les mauvaises étapes avec la constance du chameau voyageant entre deux oasis. — Surtout, les étudiants incarnent supérieurement les types qui sont en extinction progressive dans la jeunesse du quartier Latin actuel, sans avoir jamais été aussi répandus que le ferait croire la lecture de la fiction à grand succès, les *Scènes de la vie de bohème*.

Du moins, *ils savent s'amuser*. Les mœurs, dans

le Soleil Levant, sont licencieuses et douces ; polies par surcroît. On n'y voit pas, dans le populaire, les camarades se lancer les bouteilles à la tête et s'assommer à coups de bâtons de chaise, en couronnement normal d'une partie autrement fastidieuse. Ni les pseudo-gentlemen de la catégorie immédiatement supérieure, se quereller après le punch et se jeter les cartes à la figure, tout en traitant leurs compagnes d'orgie en goujats contents de cracher dans la source où ils se sont abreuvés.

Vive le saké et que Dieu lui accorde longs jours et prospérité ! C'est à cette boisson dorée qu'on est en partie redevable de l'heureux état de choses. Japonais et Chinois ont un médiocre penchant pour nos vins et une franche répugnance pour nos liqueurs. C'est là une antipathie particulière à la famille jaune, presque un indice ethnographique. Sitôt qu'on a franchi la ligne de partage des races, chez les « limitrophes », proches parents, mais déjà mélangés de sang étranger, chez les Siamois, par exemple, on note l'apparition du goût pour nos alcools. J'ai vu — je verrai, pour parler chronologiquement — à Bankok, le consul offrir, par expérience démonstrative, un grand demi-verre d'absinthe pure à un batelier ravi de lamper d'un seul trait le vert breuvage. Un *ninsoku*, manœuvre japonais, se serait trouvé mal à la suite de cette opération.

L'imprévoyant plaisir des Japonais a ses inconvénients, mais, tout balancé, en sont-ils moins heureux ? Sans chercher à résoudre la question, il est curieux de l'envisager à l'égard des étrangers pour qui elle donne lieu à des jugements inattendus, fruit de l'observation des indigènes sur des peuples accoutumés à se rendre justice eux-mêmes. Au point de vue « économique », les Japonais taxent les Français d'avarice. Dans certains débats, c'est une locution assez courante que cette apostrophe injurieuse : *Ketina Furansujin !* ladre de Français ! (*Furansujin*, un Français). Voilà une opinion faite pour surprendre nombre de nous, plutôt fiers des défauts, réputés brillants, qu'on attribue à la vieille France : légèreté, libertinage, prodigalité..... Les Japonais ne disent rien des Allemands qui, cependant, me semblent avoir, à peu de chose près, les parcimonieuses habitudes de notre génération. Sans vouloir reprocher à ces deux nations des procédés qui, après tout, ont leur logique et atteignent leur but, il est intéressant de voir les Anglais obtenir le même résultat — la fortune — par des moyens opposés. Nos flegmatiques voisins sacrifient stoïquement le bien-être, voire le nécessaire, aux signes extérieurs de la richesse Ils feront, en première classe, la traversée de Marseille à Yokohama ou du Japon aux Etats-Unis, en ayant à peine en poche les deux ou trois livres destinées à solder leurs premiers frais d'hôtel au débarquement; même dans un pays qu'ils n'ont pas pratiqué. Et cela leur réussit : *Ad augusta per « augusta »*.

Le premier de l'an japonais. — Il tombe à présent à la même date que le nôtre, disais-je tout à l'heure.

Celui de cette année a été pour moi une occasion de constater le rôle considérable, en même temps très particulier, que joue le *pourboire* dans ce pays. J'aurai sûrement lieu de reprendre, dans la suite, cet important chapitre, avec plus entière connaissance de cause (1).

Le 1er janvier, le traitement mensuel est doublé pour tout le monde, depuis le domestique le plus pauvre diablement appointé jusqu'aux employés d'administration. En ce qui concerne ces derniers, c'est d'ailleurs une habitude plus ou moins libéralement observée dans nos bureaux sous forme de gratification.

Au Japon, c'est un usage absolu auquel les payeurs doivent se soumettre. — Bon gré, mal gré.

A ce sujet, le petit article de morale pratique que voici :

Ayant adressé un peu vivement la parole à Tama-san, qui ne comprenait pas très nettement ce que je lui disais pour s'être un tantinet intoxiquée, malgré

(1) *Une Ville d'eaux japonaise*, Revue des Deux-Mondes, 15 juillet 1890.

sa sobriété ordinaire, à la faveur des politesses de saké qu'on échange ce jour-là, ma bonne me répondit gravement, avec une assurance consciente de sa légitimité, « *qu'on ne doit pas se fâcher le premier de l'an, parce qu'alors on demeure colère tout le reste de l'année* ». J'acceptai volontiers cette leçon ingénue.

II

JOURNAL DE YOKOHAMA

La vie quotidienne à Yokohama : Épaves humaines. — Yokohama est intéressant à divers égards. Par exemple, c'est un pittoresque pavé, battu (métaphoriquement, car les rues n'y sont que le prolongement des routes), par des individus qui composent une mosaïque ethnographique étrangement variée. Cet effet a une cause bien simple : le Japon étant la station extrême de la voie qui parcourt le vieux continent, quantité de gens et de choses aboutissent à ce coin reculé sans pouvoir en sortir, du moins pendant quelque temps.

C'est ainsi qu'avant-hier je voyais, près du pont du canal, deux personnages engagés en fort mauvais japonais dans une contestation avec un traineur de jinrikisya. Je m'offris obligeamment à leur servir de trucheman. Ces deux hommes au teint basané mais aux traits fins et aux cheveux bouclés, d'ailleurs exotiquement costumés, devaient venir de loin, de quelque contrée aussi distante du Japon que de la France. C'étaient effectivement des Cachemiriens, les habitants d'une annexe du plateau le plus élevé de la terre, concurremment avec le plateau bolivien. Deux pays dont la population ne rayonne guère plus sur le globe que les tribus groënlandaises ou fuégiennes qui, à intervalles espacés, descendent par petits groupes à Paris, à leur hôtel ordinaire, le Jardin d'acclimatation.

Et ils arrivaient directement de Pékin après avoir exécuté par terre, sauf une courte navigation, leur colossal voyage : que de sentiers en corniche suspendus sur l'abîme, surplombés par l'immense, noire falaise qui vous repousse dans le vide — passages d'angoisse presque aussi minces que le pont du paradis de Mahomet, chemins le long desquels des bêtes et des gens perdent pied et s'engloutissent, dont la vue faisait recommander leur âme à Dieu aux pères Huc et Gabet, deux intrépides pourtant ! Combien de chevauchées à dos de mule par les champs de neige thibétains, et combien de mois de lente, ballottante pérégrination avec le chameau, à travers les sables de la

Tartarie ! Que de nuits dans les étroites cabines des auberges chinoises emplies de fumée, d'agitation et de cris ! Tout cela... pour rien, presque sans savoir pourquoi. Ils avaient vécu, c'était tout, et ne devaient pas posséder dix piastres à eux deux...

Au consulat même, le mois passé, s'est présenté un authentique marabout d'Aden, porteur d'un blanc quoique poussiéreux manteau de laine, et coiffé d'un turban de la couleur qu'affectionnait le Prophète, vert.

Celui-là, moralement, venait de plus loin encore que mes deux Hindhous. Il avait entendu dire que le Japon était le dernier asile de la foi musulmane! et il était parti... Je ne sais pourquoi le pauvre diable s'adressait au consulat de France ; lui non plus, sans doute. A peine aperçu, je l'ai perdu de vue.

La semaine dernière, nous recevions une autre visite, celle du *fou* de Cholen. « Fou » ne peut faire équivoque que pour les gens dépourvus de connaissances géographiques, et loin de désigner un aliéné, est un grade administratif annamite que nous traduisons par l'équivalent « préfet ». Chevalier de la Légion d'honneur pour avoir fait couper la tête à monsieur son fils, rebelle aux institutions françaises, ce Brutus cochinchinois était tout bonnement vêtu d'une redingote noire et d'un pantalon de même couleur qui, avec des plis sans nombre, tirebouchonnait autour de ses maigres jambes.

Influence du costume sur les mœurs. — Les dames japonaises encore novices dans l'art de porter nos atours. — Car la transformation du costume, dans l'intention de copier le vainqueur, est peut-être le point le plus difficile à réaliser. Et, à mon avis, il est loin d'être négligeable. Si l'habit ne fait pas le moine, il y contribue fort. Les Japonais, si susceptibles sous leur masque impassible, si soucieux de nos moqueries, n'ont encore réussi qu'à demi dans cet article de leur programme, et seulement pour le sexe à qui nous devons notre père.

Quant aux dames, très peu nombreuses jusqu'à présent, qui sont dans le mouvement.... Pour l'instant, je me contenterai de cette petite anecdote :

C'était dans les rues de Tokyo, le 1er janvier passé, jour de congratulations et de visites de cérémonie ainsi que chez nous. Un monsieur, très correctement mis, un fonctionnaire sans doute, rencontre une lady japonaise de sa connaissance, comme lui habillée à notre manière, et la salue d'un beau coup de chapeau. La dame répond par la même politesse, elle aussi en levant son chapeau...

Mésaventures d'un éléphant annamite et de son cornac. — Ces jours-ci, se présentait au consulat la plus singulière des épaves de Yokohama, un autre compatriote par annexion, un natif du « Sud Tranquille », débarqué en droite ligne de Saigon un mois auparavant, accompagné de deux éléphants auxquels il servait de cornac, pourvu lui-même de son cornac blanc, un Juif anglais, ex-résident de Yokohama, rentrant dans l'espoir de relever ses affaires fort bas tombées.

Comme tout le monde, j'avais remarqué dans la rue ce groupe qui ne pouvait passer inaperçu. L'exhibition des deux montagnes ambulantes fut, en effet, aussi sensationnelle que l'impresario était en droit de s'y attendre, mais ce fut tout... Et chaque fois qu'ils faisaient la quête, les pachydermes produisaient parmi les flâneurs un vide aussi complet que celui qu'auraient produit leurs deux trompes réunies.

Sur ces entrefaites, les créanciers du Juif anglais expédièrent, après les formalités légales, des recors pour l'appréhender, mais il venait de s'embarquer, on ne savait ni comment ni pour où. Les deux animaux furent saisis, parqués dans une cour étroite où bientôt l'un d'eux s'éteignit, miné, soit par la maladie, soit par l'ennui. Son malheureux Pylade lui a survécu, mais n'a pas encore trouvé acheteur.

C'est cependant un document pour les sculpteurs et les dessinateurs d'ici qui ont reproduit, reproduisent si persévéramment des êtres qu'ils n'ont jamais vus parce qu'ils n'existent pas, n'ont jamais existé dans le pays. Chacun chez nous s'émerveille de l'étrangeté des lions et des tigres d'ivoire japonais, à peine moins invraisemblables que ceux des Chinois. On oublie un peu qu'il n'y a pas longtemps, cet art était, à Paris, logé à la même enseigne ; témoin les nobles caniches de pierre qui gardent languissamment les abords de l'Institut. Nous nous tirons d'affaire en expliquant qu'il s'agit de sculpture héraldique. — L'absence, à l'époque la plus reculée, de tigres au Japon, alors qu'ils abondent dans la si proche Corée, est, à elle seule, une indication géologique.

Cependant, l'Annamite, devenu cornac sans emploi par le retrait de ses pensionnaires, n'était pas dans une meilleure situation que sa ménagerie ; au contraire. Un agent de police l'amena au consulat. Nous vîmes entrer un homme de quatre pieds de haut, la face huileuse, coiffé d'un chapeau de feutre mou amolli par les tribulations, sauf le très large bord, tellement rigide qu'il semblait avoir été découpé dans une feuille de métal. Le reste du costume était à l'avenant : paletot sac, pantalon terreux traînant à terre quoique retroussé de cinq doigts, souliers de cornac. Nonobstant, nous faisons toujours envie à un moins fortuné (dans l'ordre politique, le communard Raoul Rigault a dit : « On est toujours le réactionnaire de quelqu'un »), et cet uniforme avait dû être convoilé par plus d'un jeune et naïf artisan japonais, jaloux de ce mirliflore nippé des pieds à la tête à la mode des *Ijin-san*, de « messieurs les étrangers ».

Comme on ne pouvait pas tirer autre chose de lui que ces mots : « Moi, Francé » et « Moi pas mangé », on manda un citoyen de Yokohama, ancien Cochinchinois, versé dans la langue annamite, mais qui ne la parle pas, paraît-il, car il ne parvint ni à comprendre son interlocuteur ni à s'en faire comprendre. Nous nous contentâmes donc d'indiquer amicalement au petit homme jaune la caisse à charbon pour s'asseoir ; on lui fit chiquer du tabac, et l'intérêt de sa burlesque odyssée épuisé, il fut congédié avec quelque monnaie.

Il revint cinq ou six jours plus tard, accompagné d'un rapport de la police. Visiblement, il avait passé par des péripéties, et le rapport consignait que depuis sa dernière comparution il avait eu la rue pour domicile, ce qui, du reste, n'est pas un délit dans le Soleil Levant et ne devrait en être un nulle part. Car lorsqu'on couche à la belle étoile dans la saison fraîche, il est clair qu'on ne peut faire autrement. Bien vraisemblablement, la table avait été pour lui à l'avenant du gîte, durant la même période.

Voyant que s'il demeurait huit jours de plus c'était sa mort certaine, le consul se décida à le retourner aux frais de l'Etat dans sa patrie d'où il n'aurait jamais dû sortir. Je fus chargé de le piloter dans les démarches occasionnées par son embarquement à bord du paquebot des Messageries Maritimes.

Je le fis donc monter en jinrikisya. Ici un trait de mœurs significatif : l'Annamite qui ne payait même pas, pour qui je payais, se jugeant très supérieur à son traîneur *rétribué*, déploya beaucoup d'infructueuse insistance pour obtenir de lui le *faï-fouk*, le prosternement le front dans la poussière, à la mode du « Sud Tranquille »...

Nous parcourons le Bluff, l'élégante colline aux cottages intertropicaux qui conservent cette physionomie jusque sous la latitude de Yokohama, et rappellent vivement les villas de Saigon. L'œil éteint de mon compagnon semble s'allumer d'une lueur d'intérêt en face de ce décor. En défilant devant une pelouse occupée par une compagnie de joueurs de croquet, le bercement de la légère voiture à bras favorisant mes associations d'idées, il me revient un drôlatique épisode de mon passage à Saigon. Pendant qu'il se présente à mon esprit, je le noterai dans le but d'éviter à quelqu'un une bévue possible, à cause d'une équivoque d'architecture, non seulement dans notre colonie, mais dans les autres pays de l'Extrême-Orient, celui-ci compris.

Le café hospitalier, souvenir de Saigon. — Huit mois auparavant, « l'Amazone » des Messageries Maritimes, le bateau que j'avais pris à Marseille, stoppait vingt-quatre heures à Saigon : arrêt d'une durée considérable, anormale, consenti par le commandant en l'honneur du 14 juillet qu'on célébrait pour la première fois en 1880, si je ne me trompe.

Après déjeuner, je descendis à terre avec un camarade de bord, le docteur d'icelui. Pendant plusieurs heures, nous visitâmes la fête, les jeux organisés. Spectacle fort pittoresque, très amusant. Sur les quatre heures, ayant soif, nous décidâmes de prendre une bouteille de bière, bien gagnée sous le cuisant soleil. Nous nous trouvions alors plutôt aux alentours de la cité.

Apercevant un café, grand ouvert ainsi que les établissements publics de ce pays de chaleur, nous entrâmes.

Plusieurs consommateurs, les bras retroussés à la bonne franquette, jouaient au billard. Nous nous assîmes et nous appelâmes, en frappant des mains, le garçon, le « boy », comme on dit en Orient, assez médiocrement empressé à nous servir. Au lieu d'obéir, le maussade Annamite alla d'abord référer de nos ordres au patron, un frais quinquagénaire, confortablement installé dans sa chaire munie au-dessus, à droite et à gauche, de rayons chargés de bouteilles ; il voulut bien nous apporter enfin de la bière et deux verres. Il me sembla aussi que les chevaliers du billard nous regardaient à la dérobée avec quelque attention. Pourtant notre accoutrement et nos manières étaient ceux de tous les passagers....... D'ailleurs tout cela nous était bien égal!

Puis nous réclamâmes des journaux qui vinrent lentement. Puis deux manilles d'une boite de cigares que nous apercevions toute ouverte : « Et un peu plus vite que ça, tout de même!... » m'écriai-je avec une certaine vivacité. Car j'étais impatienté de la mollesse du service et agacé de l'approbation qu'à chacune de nos injonctions, le boy, du coin de l'œil, avait l'air d'attendre de son seigneur. — Cet animal se figurait-il par hasard que nous n'avions pas de quoi payer?

Le moment de rentrer et de régler étant arrivé, je fis résonner, et bruyamment, le mince plateau de la table de tôle avec le disque d'une piastre. Cette fois, ce fut le patron qui se leva pour nous dire en souriant :

Messieurs, vous êtes non pas dans un café mais dans une maison particulière, et vous ne lui devez rien qu'un souvenir amical si vous êtes satisfaits de l'hospitalité que vous y avez rencontrée.....

En fouillant les archives. — Le Japon d'hier : Exécution d'un criminel. — Mes quelques recherches dans les vieux papiers du consulat n'ont pas abouti à des exhumations bien précieuses. Cette archéologie, du reste, ne remonte pas à des âges très reculés, l'ouverture du pays n'étant guère antérieure à ma naissance, et, conséquemment, l'installation de notre consulat étant plus récente encore. Voici ce que j'ai trouvé de mieux jusqu'à présent :

Le rapport dont suit la copie n'est pas daté à notre millésime, mais l'indication astronomique d'après l'ancien calendrier japonais, année du coq, qui l'accompagne, vu le « cycle » dans lequel s'est déroulé l'événement, permettrait de fixer l'année. Au surplus, il ne peut être question que de faits survenus il y a en ce moment dix-huit ou vingt ans.

Cette pièce est très correctement orthographiée. La syntaxe... on en jugera. Il ne m'est pas difficile d'identifier le rédacteur que je reconnaitrais au seul petit passage des « vieux tableaux de l'inquisition », souvenir probable de la rude tyrannie du duc d'Albe. Il s'agit manifestement de M. X., aujourd'hui consul de Hollande, japonisant distingué, lequel, dans sa jeunesse, fut attaché à notre consulat.

Quoique distant de peu de lustres de l'an 1881, ce document est curieux en ce qu'il reporte le lecteur à une moralement lointaine époque, à un Japon d'hier entravé par ses institutions caduques, père de celui qui court en ce moment plus vite que les morts de la ballade de Lénore, tout en étant très vivant. Si vite que ce chapitre de ses avatars risque d'échapper en partie à ses historiens.

Pièce un.

Katsouzo, un homme de Kanagawa (1), déjà flétri d'une marque, âgé de 22 ans.

Cet homme avait volé quelque chose; pour cela il a été puni de la bastonnade et flétri.

Après, il a volé chez un Anglais un poids de cuivre se trouvant dans le vestibule de la maison. De plus il a fait un incendie derrière la maison du même étranger, espérant voler pendant le désordre qui en sera causé.

C'est pourquoi il avait mis de la sciure et des morceaux de linge dans un tas de paille.

Parce que des choses pareilles sont très injustes, il est condamné d'être brûlé, après avoir été exposé à la vue dans les rues de Yokohama.

Fait le troisième mois de l'année du coq.

Pièce deux.

Le moribond se nommait Katsouzo, il était âgé de 22 ans et ancien citoyen du bourg de Kanagawa, mais avait été rayé du registre à cause de sa mauvaise conduite.

(1) Kanagawa, à quelques kilomètres de Yokohama.

Il avait été condamné à être brûlé vif pour avoir mis le feu à quelques maisons d'étrangers en 1859, pour voler pendant la confusion de l'incendie qui a détruit une grande partie de la Location étrangère, et non pas, comme on a dit, pour avoir incendié la Douane, il y a trois mois.

Le matin du 2 avril, on l'a promené dans les rues de Yokohama, monté à cheval avec un drapeau de papier devant lui sur lequel était écrite la sentence et entouré de police et de bourreaux.

Il avait l'air déjà à demi mort, ses yeux étaient fermés et il ne pouvait marcher seul quand on le descendit de cheval pour le mener au bûcher au pied duquel on lui fit boire le dernier saké et manger le dernier riz dans ce monde.

Il fut attaché avec des cordes trempées dans de la boue à un poteau et puis entouré de bottes de paille comme on le voit dans les vieux tableaux de l'inquisition. On mit le feu sur un signe du chef de police, le tout ne brûlait qu'une demi-minute; après quoi les bourreaux jetaient de l'eau sur les cendres pour empêcher le corps d'être consumé tout à fait, attendu qu'il doit rester exposé pour 3 jours.

Mon impression est qu'on a donné au moribond un narcotique avant de le promener dans les rues et du poison dans le saké qu'on lui fit boire avant de l'exécuter car il avait l'air d'être tout à fait mort quand il fut lié au poteau. Un docteur présent a observé qu'il ne respirait que 25 fois dans cette position, dans une minute, signe qu'il n'avait plus beaucoup de vie.

Les indigènes prétendent qu'on ne lui donne rien, mais que le prisonnier est presque mort de famine et de mauvais traitement.

D'autres disent que c'est la coutume de lui enfoncer les parties avant de le sortir de prison afin de le tuer à demi et qu'il ne fasse pas de résistance; ceci est bien probable, vu que tout le monde remarquait quand il fut déshabillé qu'il avait les parties très gonflées.

Ces derniers détails peuvent être rapprochés de ceux concernant la décapitation d'un bandit siamois, dans la suite de ces mémoires. Ils montrent dans les deux pays respectivement les plus distants de tout l'Extrême Orient, une parenté à l'égard du traitement infligé à deux condamnés à mort.

Jusqu'à l'époque présente, le Japon, dans la torture, employait des moyens non moins raffinés que ceux en usage chez nous au commencement de Louis XVI. — On impressionne encore aujourd'hui son public en Chine en faisant contre fortune bon cœur dans le supplice. Les héros de ce genre s'appellent *kouan-kouen* :

« Quelquefois il vont par fierté se dénoncer eux-mêmes aux magistrats..... puis quand on instruit le procès, comme d'après la législation chinoise, l'aveu du coupable est nécessaire, ils nient tout ce qu'ils ont d'abord avoué, et endurent avec un stoïcisme inébranlable tous les genres de torture auxquels on les applique. On dirait même qu'ils trouvent un certain bonheur à voir leurs membres broyés, pourvu qu'ils puissent braver la justice et pousser à bout la colère des mandarins. Il leur arrive souvent de les compromettre et de les faire casser... (1).

Dans ce rôle de fanfaron, très dur à soutenir, l'esprit des Japonais rivalisait avec celui de leur voisin : « Tchoya, Ikiyemon et Fatsiyemon, couverts d'une couche d'argile humide, furent étendus sur des cendres chaudes..... Fatsiyemon raillait ses bourreaux : « J'ai fait un long voyage, disait-il : cette chaleur me fera du bien ; elle rendra la souplesse à mes articulations et la vigueur à mes membres..... On leur fit dans le dos une entaille de huit pouces de long ; on coula dans la plaie du cuivre fondu..... Fatsiyemon disait que c'était un moxa perfectionné ». Un mot vraiment bien japonais ! (*L'Univers*, volume *Japon, Indo-Chine*.)

Du reste, il ne s'agit pas, dans cette histoire, de coupables de droit commun.

Dix secondes avant la mort, suicide d'une belle

(1) Voyage en Chine des Pères Huc et Gabet.

jeune Japonaise. — Il était près de neuf heures du soir; je franchissais, pour regagner la « Concession » et mon logis, le pont de bois élevé sur le canal. Un des ponts qu'affectionne le goût japonais, dessinant une portion de cercle, un arc très accentué, et, à parler franchement, d'une construction originale mais bien incommode : Parfois aux abords des temples et dans certains parcs, la courbe de l'arche est telle qu'on ne peut gravir et descendre le tablier qu'en s'accrochant au parapet.

L'aspect de ce quartier est très animé le soir. Les boutiques déploient la séduction de leurs étalages brillamment éclairés à la faveur des innombrables lanternes de papier portatives qui répandent une lumière aussi vive que celle de nos artères parisiennes baignées d'électricité, mais *bien plus vivante*.

Un vent sec et glacial soufflait. Février et mars sont les vrais mois d'hiver au Japon, ai-je dit. Sur le pont, les passants se hâtaient; les traîneurs de jinrikisya défilaient la tête enveloppée d'une coiffe encadrant une face aux dents claquantes de froid, et leurs flambeaux multicolores, dansant au bout du brancard de leurs petites voitures, permettaient de voir comme en plein jour.

Une jeune fille se tenait debout au milieu du pont, le coude appuyé sur la rampe, l'avant-bras nu, le menton dans la paume de la main, regardant l'eau noire du canal.

Contrairement à la majorité des Japonaises qui sont plus gracieuses que bien faites, elle était grande et svelte. Elle était fort jolie, élégamment costumée, et son regard perdu avait une expression indéfinissable.

Cette apparition, que je n'oublierai jamais, me tint fixé sur place une seconde ou deux. Un instant, j'eus la tentation d'adresser la parole à cette jeune femme. Le rigorisme à cet égard est moins grand au Japon que dans nos pays où deux personnes ne peuvent se parler qu'après avoir été respectivement présentées par une troisième. Puis, comme tout le monde, je passai à cause du froid. J'entendis au même moment sonner neuf heures à l'avoisinante petite chapelle du Révérend Irwing, le pasteur protestant qui possède un œil de verre d'une incroyable et si gênante fixité.

Le lendemain, en parcourant dans la *Gazette japonaise* les *zappô*, faits divers, j'appris le mystère de mon inconnue. — La nouvelle était à peu près ainsi conçue :

« Hier soir, à neuf heures précises, sur le pont de....., Mlle Hana (« Fleur », le plus répandu des noms de femmes, que j'inseris arbitrairement comme le premier tombant sous ma plume), fille de monsieur un tel et de madame une telle, demeurant telle rue, tel numéro, dans le quartier de..... — les feuilles indigènes sont très prodigues de ces détails, de sorte que les préliminaires de ce genre occupent toujours plusieurs lignes dans la narration — s'est jetée dans le canal où elle s'est noyée.

Mlle Hana n'avait que dix-huit ans. Elle était d'une beauté accomplie et fort aimée de tous ceux qui la connaissaient, à cause de la douceur de son caractère.

L'année dernière, son père s'était remarié. Malheureusement, la mère par alliance n'aimait pas sa nouvelle fille. Le chagrin que Mlle Hana en conçut la poussa à l'acte de désespoir que nous venons de rapporter. »

Superstitions japonaises : L'envoûtement. — Les Japonais « le moins religieux et le moins superstitieux des peuples », ai-je écrit dans un chapitre antérieur. A mesure que mes connaissances s'élargissent, j'ai lieu de les rectifier. La première de ces assertions est juste, la seconde demande à être commentée.

Les Japonais sont peu superstitieux en ce sens qu'on ne voit pas chez eux les superstitions aboutir à des actes de violence individuelle ou générale, à des massacres comme en Chine, par exemple. Ces croyances n'ont jamais eu ici le caractère hideux de certaines aberrations orientales ou occidentales. La religion ne s'y est pas mêlée et le précieux bon sens de la nation a su contenir les écarts de ces préjugés qui restent le plus souvent confinés dans la sphère d'une amusante fiction, ne servent guère qu'à alimenter la conversation à certaines heures. Du reste, la liste des erreurs de ce genre doit être assez courte et, jusqu'à présent, je n'en ai relevé que trois.

La grosse servante du consulat, un *Dai-Butsu*, elle aussi, est souffrante en ce moment. Elle attribue son indisposition aux sortilèges « d'une de ses amies ». J'ajouterai que cette domestique, avec une autre Japonaise de Nagasaki que je rencontrerai plus tard vagabondant à Bankok, sont les deux seules femmes du Daï-Nippon que j'ai connues ne sachant ni lire ni écrire.

En tout cas, l'envoûtement est une des croyances populaires de ce pays. L'autre jour j'ai enrichi ma collection d'une image de Yosi-tosi représentant une dame de la colonie anglaise, jalouse d'une gesya qui lui a dérobé le cœur de son mari. L'artiste nous la montre occupée à planter nuitamment des clous dans un arbre du temple d'Inari-sama, à Tokyo, favorable, paraît-il, à cette espèce de maléfice.

Ainsi, l'opération magique se pratique de la même manière que chez nous au moyen âge, les pointes jouant le rôle de l'aiguille enfoncée dans la poupée de cire. Et jusqu'à nouvel ordre (seulement, c'est une filiation qui demande à être établie), je reste convaincu de l'origine extrême-orientale de notre envoûtement qui aura été importé en Europe à la manière de l'antique légende japonaise, l'histoire merveilleuse d'*Urasima-tarò*, reprise en dernier lieu chez nous par Washington Irving (1), à la suite des récits intermédiaires qui jalonnent géographiquement et chronologiquement le chemin parcouru par ce conte. Il y a là l'objet d'une importante étude que je me propose d'aborder dans quelque temps.

Le renard et le Paul de Kock japonais. — Dans l'image de Yosi-tosi, l'Anglaise se retourne effrayée, dérangée qu'elle est par un renard que son costume intrigue et qui vient de poser une patte sur la traîne de sa robe.

Les histoires de *Kitsune*, renard, ont été trop souvent racontées dans les relations sur ce pays pour prendre place ici. Je me contenterai de dire que c'est la croyance populaire la plus répandue, une réelle superstition nationale qui revient constamment dans la narration parlée ou écrite.

La gaieté est la note typique du caractère des Japonais. C'est sans doute la raison pour laquelle un de leurs meilleurs écrivains, le meilleur peut-être, Ikku, est un auteur comique. C'est celui dont la lecture détermine le rire subit, le rire à détente qui faisait dire à Philippe III, apercevant du bal-

(1) *Rip* qui s'endort sujet du roi d'Angleterre et, au bout de vingt ans, se réveille citoyen de la libre Amérique. La ravissante fiction japonaise dégage un charme bien supérieur à l'attrait de l'humoristique nouvelle de Washington Irving. Soit dit sans offenser le grand, original écrivain yankee dont je suis un admirateur déclaré.

çon de son palais un jeune homme en manteau noir, en train de se promener, un livre à la main, tout en gesticulant et laissant échapper de longs éclats de rire : Ou bien cet étudiant est fou, ou il lit Don Quichotte. »

Un des plus divertissants épisodes du *Hizakurige*, le chef-d'œuvre d'Ikku — « un livre merveilleux », c'est la propre expression d'Aston (1) — a précisément trait à la faculté de se métamorphoser que possède, on le sait, le renard japonais.

Deux compères, deux espèces de Sancho Pança, mais plus délurés, Kida et Yaji, font leur tour du Japon en festinant dans les auberges de grande route chaque fois qu'ils en ont l'occasion et la possibilité pécuniaire.

On doit être reconnaissant à Ikku d'avoir fixé par sa peinture, juste à la veille de sa disparition, cette vie qu'on ne reverra jamais plus, pittoresque, intense, parvenue à sa pleine expression, tellement abondante en toutes sensations que ceux qui la vécurent, s'ils avaient su l'avenir, se seraient estimés heureux d'avoir été enfantés à temps pour en jouir. Car, à l'époque où ce joyeux roman fut publié, on abattait déjà, de l'autre côté du Pacifique, les arbres qui allaient servir à construire la flotte du commodore Perry.....

Un certain soir, brusquement, Yaji conçoit des

(1) *Littérature japonaise.*

soupçons. La physionomie de son camarade a quelque chose d'insolite..... Plus de doute, ce n'est pas Kida qu'il a devant lui, mais son enveloppe corporelle subrepticement endossée par le kitsune. Il se jette sur lui, l'attache et, sans écouter les supplications du pauvre diable, veut contraindre à grands coups de bâton l'artificieux renard à reprendre sa forme naturelle.

Hitodama. Les apparitions. — Enfin, troisième et dernière des superstitions qui font l'objet de ce chapitre :

Beaucoup ont vu, le soir d'un décès, un feu follet courir autour du toit du défunt. C'est l'esprit du mort, *hitodama*.

Les fantômes, les revenants, *bakemono, yûrei*, tourmentent au Japon autant de gens que chez nous. Tantôt ce sont des apparitions sans but bien précis, de simples fantaisies — parfois de pures « fumisteries » — du bakemono qui s'amuse à terrifier les enfants et les femmes; tantôt c'est, pour la glorification de la morale, la victime qui vient avec acharnement désespérer le criminel dans sa nuit.

C'est un sujet constant dans les légendes et ces bakémono que le Louvre et le Bon Marché livrent au public à des prix assez doux, et qui, pour intéresser, doit être traité en son lieu et in-extenso. Voilà pourquoi je me contenterai de l'indiquer ici.

III

LE TROISIÈME FLÉAU

Secousses sismiques. — Le grand tremblement de terre de Yédo en 1854. — Le trinôme des calamités japonaises se compose de ces trois facteurs : L'incendie, qu'on finira par éteindre ; le typhon, dont l'action devient de moins en moins désastreuse sur mer et sur terre, parce qu'on le connaît de mieux en mieux, que les marins savent le manier et que la population de la côte est avisée télégraphiquement de sa venue ; le tremblement de terre, contre lequel il n'y a rien à faire jusqu'à présent. Celui dont je vais parler, le premier sensible que j'ai éprouvé, intervient chronologiquement un peu tard dans mon journal, car il s'est produit dans la nuit... du milieu de décembre dernier, à un jour ou deux près, je ne me rappelle plus au juste. N'importe.

Il était onze heures, et je lisais, couché, quand ma petite maison de bois se mit à craquer avec les plaintes d'une chaise peu solide sur laquelle s'assied une personne corpulente. En même temps, j'entendis la voix de la bonne qui criait : *Djisin ! hayaku rampu wo o kesi-nasai !* c'est-à-dire : Tremblement de terre ! vite, éteignez la lampe !

C'est, en effet, la première précaution à prendre. J'ai raconté qu'il fallait deux commotions pour être initié. Je ne fus pas « emprunté » cette fois comme la précédente. Je veux principalement signifier par là que j'eus peur, et c'est déjà quelque chose, parce qu'on se sauve plus vite, ce qui est salutaire.

En amour, le courage est de fuir, a-t-on dit. En cas de tremblement de terre, si fuir n'est pas le plus courageux, c'est certainement le plus sage.

La seconde précaution est d'attraper au vol ses hardes sur le dos du siège où on les a posées en se couchant, comme on saisirait en courant un chat par la peau du dos. Cette mesure-là je l'omis, et j'eus lieu de le regretter.

Si on a pris la première sans avoir le temps de prendre la seconde, — la situation m'incite à m'exprimer en style de charade, — la troisième est de se poster, par exemple, sous l'embrasure d'une porte : On met une très petite chance en sa faveur, en cas d'effondrement du plafond.

Cependant le roulis continuait et je ne parvenais pas à ouvrir la misérable porte, pressée dans son cadre par le tassement de l'habitation disloquée, ce qui contribuait à donner à ces secondes d'angoisse l'impression d'un mauvais rêve. Enfin je me trouvai dans mon jardinet, contigu au domaine de mes voisins. D'autres étaient là, des Japonaises jeunes et vieilles, en costume de nuit moins succinct que le mien ; mais elles ne faisaient guère attention à mon négligé, ni moi non plus !

Les planches du chantier d'à côté dégringolaient bruyamment. Dans leurs niches, les chiens hurlaient. — La peur se transmet magnétiquement : ces pâles visages, ces traits décomposés entrevus à la lueur vacillante des lanternes de papier, ces mains qui tremblaient sous le coup d'une émotion en quelque sorte atavique, propageaient leur contagieux effroi jusqu'à moi qui commençais à soupçonner le péril sous ses manifestations bénignes en apparence. Mais au bout d'une minute et demie, les forces naturelles rentrèrent dans l'ordre. Les plus violentes secousses ne durent guère davantage.

Je dus attendre en chemise, par zéro degré ou à peu près, qu'il plût au phénomène de prendre fin.

J'assisterai à d'autres tremblements de terre. Et même ils me suivront pour ainsi dire après ma sortie du pays, car j'en verrai un à mon arrivée à Pékin et un encore à La Paz, deux villes où ils sont inconnus. Mais aucun de ces accidents n'eut de gravité et ne mérite d'être raconté.

L'impression que fait éprouver ce prince des

cataclysmes est toute spéciale : rien ne figure mieux l'immobilité qu'une maison ; rien de plus inquiétant que de sentir la sienne tituber, et de perdre sa conscience innée dans la stabilité du sol.

On sait que le *tangage* sismique est plus dangereux que le *roulis*, le choc vertical entraînant net l'écrasement de l'édifice. Cette dernière secousse est curieuse dans un appartement japonais. J'eus l'occasion de l'expérimenter une fois dans la campagne de Yokohama, à un ou deux kilomètres de la ville au plus. Il n'y eut qu'une seule commotion, si soudaine et si violente que l'effet produit fut celui d'un formidable coup de pied décerné à la maisonnette par un colosse de taille à monter un mastodonte. Le plus notable fut qu'en rentrant, dans l'après-midi, j'appris que rien du tout ne s'était passé chez moi. Ainsi, ce mouvement peut être bizarrement localisé.

Avec ses annexes, un tremblement de terre se décomposera en quatre phases, à la façon d'un drame en quatre actes dont l'intérêt va *crescendo* :

Le premier acte est la commotion même qui amène la chute des constructions.

Le second, — j'envisage le cas où le phénomène a lieu sur la côte, plus développée au Japon qu'en tout autre archipel de surface équivalente, — est la vague monstrueuse, le raz de marée (en japonais *tsunami*), qui renverse tout ce que le premier assaut a épargné.

Le troisième est l'incendie qui éclate sur tous les points; les maisons de papier s'allumant à cause des braseros culbutés.

Le dernier est d'ordre non plus naturel, mais social. C'est le brigandage, instantanément déchaîné avec un entrain, un brio qu'il peut atteindre seulement dans ces espèces de *fin du monde* : « Le matelot disait en sifflant et en jurant : Il y aura quelque chose à gagner ici », écrit Voltaire dans le chapitre où il met en scène Candide, Pangloss et le matelot portugais, assistant au fameux tremblement de terre de Lisbonne.

Ces quatre calamités se trouvaient réunies dans la catastrophe qui, en 1851, rien qu'à Tokyo, fit cent mille victimes.

Bien qu'ils eussent déjà fait apparition, ou *qu'ils aient* déjà fait apparition, pour me conformer à une des plus remarquables fautes de français, actuellement d'un usage quotidien dans neuf sur dix de nos grands journaux, les étrangers manquèrent ce spectacle. Il eut lieu en effet après le premier départ du commodore Perry dont le retour *très vite* (je continue à employer les locutions à la mode) (1), détermina par la contrainte l'ouverture

(1) Ici je suis sous l'égide de l'Académie française : « Napoléon, monté sur Désirée, une jument blanche *très vite*.... » H. Houssaye, *Waterloo*, p. 263.

du pays. Le ciel, par une accumulation de fléaux, semblait annoncer l'écroulement de l'empire.

J'ai en ce moment, ouvert sur ma table, un énorme in-folio composé de plusieurs centaines de ces images en couleur, à un sou, qui sont une documentation si pleine d'intérêt.

Ces dessins racontent depuis A jusqu'à Z les scènes extraordinaires que ce jour-là le soleil contempla sur le bord de la baie de Yédo. — La riche imagination de l'artiste indigène s'est brillamment donné cours dans ce recueil qui est un précieux manuel de mœurs. J'y vois des tableaux en deux ou trois pages, — la double feuille des livres japonais favorise cette disposition, — d'une saisissante originalité, par exemple celui de la *djôrôya* (maison de prostitution), précipitée en bloc, personnel féminin et clients, dans le royaume des ombres où l'attend l'impassible et inexorable Bouddha, entouré de ses juges conseillers. C'est du Michel Ange au petit pied, corsé de détails naturalistes malheureusement impossibles à indiquer autrement qu'en latin, sinon en grec, qui mériterait une plus ample description. Je me bornerai à deux images qui rentrent directement dans mon sujet :

Le premier, effroyable épisode, c'est les mesures que prennent les pompiers envers les gens qui, sans avoir été tués, sont pris sous les poutres par un bras ou une jambe, alors que le feu les gagne. Avec les énormes haches d'incendie, les sauveteurs abattent les membres emprisonnés, et cela vaut encore mieux que d'être grillé vivant (1).

Le second motif est d'ordre comique :

Pour garantir leur épargne du pillage, messieurs les richards avalent précipitamment les pièces d'or ovales appelées *koban*, en cours à cette époque, et qui, bien entendu, valaient beaucoup plus qu'aujourd'hui. L'artiste, on le prévoit bien, ne manque pas de montrer, à la fin du drame et de l'album, ces hommes résolus en train de récupérer laborieusement, par la voie naturelle, leurs fonds encaissés.

(1) C'est de l'humanité intelligemment entendue, préférable à la nôtre dont, personnellement, Dieu me préserve, qui consiste, en pareil cas, à se lamenter en regardant les misérables se tordre dans le brasier.

On peut rapprocher de la manière japonaise celle des Yankees, similaire dans le principe et dans l'exécution : Lors de la convulsion terrestre qui anéantit la « Reine du Pacifique », les pompiers américains descendirent à coups de fusils des groupes d'individus réfugiés sur le faîte des hôtels de San-Francisco, alors que la base de l'édifice, en proie aux flammes, ne laissait à ces infortunés d'autre perspective que celle du plus atroce supplice.

(A suivre.)

OMISSIONS

Calembours japonais (page 33). — Dans mon récit précité, *Une ville d'eaux japonaise*, il est justement question d'un calembour que j'ai le tort de ne pas expliquer, car c'est le plus simple des jeux de mots qu'on puisse commettre en japonais. Je comblerai ici cette lacune, d'autant plus que cette plaisanterie était l'œuvre d'un modeste traineur de jinrikisya, ce qui la rend intéressante :

« Nous traversons un véritable essaim de taons de forte taille qui s'appellent en japonais *abu*.... » écris-je.

Comme je manifestais un peu d'inquiétude, en faisant observer que l'air était plein de ces abu, mon traîneur me répondit en riant :

Abunai !

Selon qu'on l'écrit en un ou deux mots, cette expression signifiera :

— *Abu nai !* (Mais) il n'y a pas d'abu !

Donc, tranquillisez-vous....

Ou bien :

Abunai ! C'est le mot : « Attention ! Gare ! »

Et cela voulait dire, en ce cas :

— Dame ! Oui, il y a pas mal d'abu, en effet. — Attention !

Abu nai ! Il n'y a pas d'abu ! *Nai*, ne pas, ne pas être, ne pas y avoir. N, on l'a vu, est négatif en japonais comme en français et dans quantité de langues aussi éloignées les unes des autres que possible, parce qu'il a un caractère d'*onomatopée*. L'*n* est l'élément de formation dans la conjugaison négative qui est la si notable particularité du verbe japonais. Il y a en ce moment tout près de cent cinquante ans, le président de Brosses écrivait que le son primitif du mot *non* est une interjection nasale de doute et de dissentiment.

Molière, qui ridiculise avec plus d'esprit que de sagesse les théories du maître de philosophie de M. Jourdain, ne soupçonnait pas qu'il reproduisait des aperçus scientifiques appelés à devenir l'objet de la plus sérieuse étude. Il n'y a pas d'écolier intelligent qui n'ait été intéressé par ce passage du *Bourgeois gentilhomme*, non pas dans le sens dérisoire que lui donne l'auteur, mais à cause de sa substance même :

« La voix U se forme en rapprochant les dents sans les joindre entièrement..... Vos deux lèvres s'allongent comme si vous faisiez la moue ; d'où vient que, si vous la voulez faire à quelqu'un, et vous moquer de lui, vous ne sauriez lui dire que U. » — Mais, parfaitement! n'en déplaise à Molière qui, au surplus, considérait la femme comme suffisamment éclairée quand :

..... la capacité de son esprit se hausse
A connaître un pourpoint d'avec un haut-de-chausse.

TABLE DES MATIÈRES

PREMIÈRE PARTIE

MES TROIS MOIS DE TOKYO

I. Impressions d'un nouveau débarqué — Kamakura 1

Aspect du pays. — Le *jinrikisya*. — L'alimentation. Le saké. — Les abords de Kamakura : les crabes désespérés de l'empereur An-toku. — Le Japon, par excellence, terre de traditions. — Ikina, le Cambronne japonais. — La « Musume ». — Le Dai-Butsu. — Rôle économique de la statue.

II. Installation dans une pagode. Mon premier typhon 22

Un faubourg de la capitale. — Le déjeuner d'une couleuvre. — Une messe bouddhique. — Les cloches. — Les bonzes. — De la traduction du japonais en nos langues. — Calembours japonais. — Le vin que nous vendons aux Japonais. — Mon personnel. — Surprenante étiquette : Comment on s'excuse d'avoir cassé une assiette et comment on annonce la mort de sa belle-mère. — Les porcelaines du daïmyo et les cristaux de Vedius Pollion. — Objets et êtres minuscules. — Le chant des corbeaux de Tokyo. — Les puits japonais : stratagème ingénieux qui sauve un apprenti brigand destiné à devenir le plus notable syogoun de l'histoire nationale. — Les commérages autour de la margelle. — *La pierre, le papier, les ciseaux*, jeu japonais intéressant. — *Kwaji* et *Djisin*, ridicule équivoque causée par mon inexpérience dans la langue. — Ce que c'est qu'un typhon.

III. Les deux journaux français de Yokohama 65

L'Echo du Japon et le *Courrier du Japon.* Néfaste situation commerciale des étrangers. Extraits de *l'Echo du Japon.* Corée et Coréens. La piété filiale récompensée.

IV. Les trois saisons. — Conférenciers japonais. — Départ pour Yokohama 86

Grande variété de climats. Trois saisons. Physionomie d'une foule japonaise. Le grillon musicien, fable russe. Beauté des Japonaises. — Conférenciers japonais : M. Black, conférencier *en japonais.* Mon départ pour Yokohama.

DEUXIÈME PARTIE

YOKOHAMA

I. L'hiver au Japon ; l'incendie..................... 99

Un incendie sur la concession étrangère. — Les pompiers japonais. Paysage d'hiver. Une légende japonaise : Histoire de l'empereur Nin-Toku. « *Jeux de signes* » : calembours idéographiques. *Yedo no hana* « Fleurs de Yédo ». L'incendie envisagé comme composant du caractère national. — Trait bien chinois d'héroïsme pécuniaire : l'option entre la bourse et les bourses. Comment les Japonais aiment s'amuser. Vive le saké, facteur de l'heureux état de choses ! Le premier de l'an japonais.

II. Journal de Yokohama 129

La vie quotidienne à Yokohama : Epaves humaines. — Influences du costume sur les mœurs. — Les dames japonaises encore novices dans l'art de porter nos atours. — Mésaventures d'un éléphant annamite et de son cornac. Le café hospitalier.

souvenir de Saigon. — En fouillant les archives : le Japon d'hier : Exécution d'un criminel. — Dix secondes avant la mort, suicide d'une belle jeune Japonaise. — Superstitions japonaises : l'envoûtement. — Le renard et le Paul de Kock japonais. *Hitodama*. Les apparitions.

III. Le troisième fléau 151

Secousses sismiques. — Le grand tremblement de terre de Yédo en 1851.

Omissions 159

Calembours japonais : *Abunai!* — L'N caractéristique de la négation en japonais comme en français. — Le *Bourgeois gentilhomme* considéré au point de vue des origines du langage.

DIJON. — IMPRIMERIE EUGÈNE JACQUOT

www.ingramcontent.com/pod-product-compliance
Ingram Content Group UK Ltd.
Pitfield, Milton Keynes, MK11 3LW, UK
UKHW022108260726
13993UKWH00001B/385

9 782329 296715